Teologia e Hermenêutica

Dados Internacionais de Catalogação na Publicação (CIP)
(Câmara Brasileira do Livro, SP, Brasil)

Aquino Júnior, Francisco de
Teologia e hermenêutica : da "teologia como hermenêutica" ao momento hermenêutico da teologia / Francisco de Aquino Júnior – Petrópolis, RJ : Vozes, 2021.

Bibliografia.
ISBN 978-65-5713-142-8

1. Bíblia – Hermenêutica 2. Hermenêutica (Filosofia) 3. Teologia – História I. Título.

21-61445 CDD-210

Índices para catálogo sistemático:
1. Hermenêutica teológica : Religião 210

Cibele Maria Dias – Bibliotecária – CRB-8/9427

FRANCISCO DE AQUINO JÚNIOR

Teologia e Hermenêutica

Da "teologia como hermenêutica" ao momento hermenêutico da teologia

Petrópolis

© 2021, Editora Vozes Ltda.
Rua Frei Luís, 100
25689-900 Petrópolis, RJ
www.vozes.com.br
Brasil

Editoração: Fernando Sergio Olivetti da Rocha
Diagramação: Sheilandre Desenv. Gráfico
Revisão gráfica: Nilton Braz da Rocha
Capa: Sérgio Gonzalez

ISBN 978-65-5713-142-8

Editado conforme o novo acordo ortográfico.

Este livro foi composto e impresso pela Editora Vozes Ltda.

Sumário

Para Jon Sobrino,

companheiro inseparável de Ignacio Ellacuría, por insistir na "estrutura formal da teologia" como intellectus amoris*: "inteligência da realização do amor histórico aos pobres deste mundo e do amor que nos faz afins à realidade do Deus revelado que consiste, definitivamente, em mostrar amor aos seres humanos".*

Prefácio

Pensar a hermenêutica teológica *outramente*

Do saber hermenêutico à sabedoria do Deus dos pobres

Nilo Ribeiro Junior[1]

Desde os albores da Grécia arcaica, quando Hermes passou a figurar no imaginário da cultura grega-ocidental como aquele semideus de pés alados que intermediava a viva comunicação entre os homens e os deuses do Olimpo por meio da intriga de mensagens entre si, nunca mais se pôde desvincular a ideia contemporânea da hermenêutica articulada ao redor da interpretação da linguagem e da compreensão da existência humana, dos textos como mediação cultural do saber e do pensamento filosófico e teológico.

Se, portanto, a prática hermenêutica é tão antiga quanto a humanidade, preocupada em decifrar o sentido de sua existência por meio do contato com os signos vestigiais da cultura vincados nas

---

1 Doutor em Filosofia pela UCP – Universidade Católica de Portugal (PUC-RJ). Professor do Departamento de Filosofia e professor colaborador do Departamento de Teologia da Faje – Faculdade Jesuíta de Filosofia e Teologia, Belo Horizonte, Minas Gerais. Currículo Lattes: http://lattes.cnpq.br/8047378549590212

coisas, na natureza ou nos bens materiais e espirituais produzidos pelas mãos humanas, bem como pelo confronto com a tradição oral e/ou escrita pelas quais o ser humano tem acesso ao sentido e à temporalidade de sua existência, constituindo-se assim o caráter geral de seu estatuto, o fato é que, como filosofia, a hermenêutica conta com uma fecunda história que é relativamente recente. Essa remonta ao fim do século XIX de nossa era com o advento das novas ciências da História e com o avanço dos métodos exegéticos-críticos ligados às ciências linguísticas, sobretudo diante da necessidade de se ter de estabelecer regras rigorosas de interpretação no contato com a produção literária das mais variadas tradições culturais da humanidade. Por isso, desde sua gênese, a filosofia hermenêutica teve que lidar com os problemas cruciais interpretativos que fazem com que a circunscrição de seu objeto não possa ser dissociada das emblemáticas questões do sentido trazidas pelas novas correntes filosóficas de corte pós-kantiano, fenomenológico, ontológico e pós-crítico do pensamento.

Isso, certamente, fez com que sua preocupação e sua produção alternassem entre as questões de uma hermenêutica setorial/parcial e outras da ordem de uma hermenêutica geral. De qualquer modo, tendo-se presente sua história, faz-se necessário uma constante revisão do estatuto epistemológico da filosofia hermenêutica para aqueles que pretendem penetrar nos meandros de sua contribuição para as diversas áreas do saber e, especialmente, se se tem em mente o campo da teologia do cristianismo e suas questões gerais do sentido e as específicas de caráter hermenêutico relacionados à sua tradição escriturística, calcada no Livro Sagrado. De toda sorte, vale ressaltar que a Hermenêutica enquanto ciência filosófico-teológica assume um caráter eminentemente *ontológico*. Afinal, não se trata simplesmente de entregar-se ao rigor das artes interpretativas do texto com os requintados métodos semiótico-pragmático-linguísticos, mas "de decifrar a própria vida [o sentido] no espelho do texto", tal como afirma o grande filósofo francês representante da hermenêutica filosófica contemporânea.

Tendo-se em mente essa espécie de *moldura* na qual se delineiam as questões formais e/ou de conteúdos de corte histórico-filosófico fundamentais da Hermenêutica enquanto ciência da interpretação/compreensão, o leitor é convidado a adentrar-se na leitura da obra do jovem teólogo latino-americano, Aquino Júnior, para ter acesso ao rico *mosaico* que ele nos oferece sobre a questão hermenêutico-teológica de fundo. Nesse sentido, sua *escritura*, qual uma pintura que joga com várias cores e matizes de corte hermenêuticos, permite um novo acesso à problematização da intriga entre teologia e hermenêutica, sobretudo se se tem em vista o contexto de uma teologia da libertação hermenêutica latino-americana tal como a pratica o jovem teólogo.

Por um lado, a obra de Aquino Júnior permite uma retomada do estatuto geral da hermenêutica filosófica de corte ontológico lida à luz dos últimos passos da renomada teoria hermenêutica ricoeuriana. Isso se faz por meio de uma bela contextualização da história do problema. Por outro lado, o autor nos apresenta uma outra perspectiva, em certo sentido pós-ontológica da hermenêutica, o que impacta imediatamente na maneira de se poder pensar criticamente o estatuto da Teologia da Libertação, bem como de uma radical revisão da hermenêutica teológica à luz dos novos instrumentais prático-teóricos de que Aquino Júnior se faz defensor. Portanto, na primeira parte da investigação, o leitor já perceberá o acento crítico com que o autor propugna sua releitura histórica da hermenêutica filosófica.

Já na segunda parte da obra, como recorda magistralmente Aquino Júnior, o chão teológico latino-americano lida com uma maneira (extra)ordinária de pensar Deus a partir do sentir e da carnalidade dos pobres. Disso decorre que sua reflexão teológica se apoia na perspectiva eminentemente práxico-libertária ao seguir de perto uma releitura de grandes nomes da filosofia-teologia latino-americana, respectivamente Xavier Zubiri e Ignacio Ellacuría, no contexto da ênfase no *momento* hermenêutico da teologia. Dessa feita, o leitor não terá como não se deixar confrontar pelo caráter pós-crítico da intriga que se deve estabelecer a partir desta obra: entre a teologia cristã da libertação e a hermenêutica filosófica contemporânea. Segundo Aquino Júnior, ambas devem passar pelo crivo da sensibilidade, do corpo, da carne, isto é, do Sensível, da sensação e da percepção da Revelação, que a rigor, a recente história da hermenêutica filosófica, a desembocar no pensamento de Paul Ricouer, não consegue contemplar em função daquela novidade que a Revelação apresenta em relação à própria pretensão da hermenêutica. Falta-lhe, segundo a ótica assumida por Aquino Júnior, uma atenção redobrada sobre a questão da Palavra que se faz carne na carne do Verbo, que se faz pobre na vida e no corpo dos pobres de nossa América Latina, ambos a escaparem do horizonte de uma teologia *como* hermenêutica.

Em função da novidade da proposição do autor, o leitor é convidado a defrontar-se com o problema insolúvel da *viragem hermenêutica da teologia*, tal como a tematiza especialmente o teólogo Claude Geffré. Sem tirar o mérito da leitura do pensador francês, trata-se de mostrar os *limites* ou *alguns equívocos* subjacentes a essa abordagem teológico-hermenêutica se se pensa a Revelação cristã no contexto latino-americano, a insistir na novidade da palavra-carne do Deus feito pobre na carne dos pobres em Jesus, o Cristo indecifrável senão por sua Revelação em meio à carne dos pobres.

Em suma, eis que a obra de Aquino Júnior permitirá ao leitor ter contato com a genialidade de um outro pensamento teológico *para além do ser* e que, portanto, leva em conta o fato de a Revelação do Deus de Jesus implodir os cânones de uma hermenêutica teológico-bíblica da viragem moderna dessa ciência interpretativa. Em contrapartida, trata-se de uma *outra* teologia que se faz com uma outra-(mente), isto é, uma teologia *outramente* hermenêutica que leva em consideração a mente correlativa de um modo de um agir ou de uma práxis cravada na Revelação e na hermenêutica que passa, necessariamente, pelo crivo da carne, do corpo de Deus, isto é, da Palavra que se faz carne na palavra-carne dos pobres a quem se destina a boa-nova da salvação em meio à vulnerabilidade do Deus de Jesus crucificado, morto e ressuscitado pelas vítimas da história.

Por último há de se recordar que o sentido dessa salvação se amplia e se irradia para além da interpretação que se ousa fazer do Deus que se revela aos pobres ou dos pobres que revelam a face de Deus. Ora, o discurso teológico mormente apoiado na Revelação corre sempre o risco de olvidar-se do contexto e das exigências advindas do solo latino-americano das quais se ocupa a nova teologia da libertação cunhada em função do próprio dizer de Deus no dizer dos pobres. Nela, se confere precedência à Palavra viva do Deus libertador sobre o discurso hermenêutico da libertação. Estamos, pois, diante de um pensamento teológico carregado de novas significações libertárias que de alguma maneira está a se gestar nesta obra em meio a um cristianismo que acontece em terras brasileiras. A obra de Aquino Júnior leva em conta os enormes desafios políticos, éticos, culturais, eclesiais etc., pelos quais passa a humanidade nesse início de século marcado por tantas perdas e por tantas esperanças. Esses acontecimentos são inseparáveis da carnalidade e, por antonomásia, do próprio sentir de Deus. Por todos esses motivos, a leitura desta obra parece extremamente instigante ao mesmo tempo em que ela suscita no leitor uma nova *práxis teológica*, uma vez que o *momento hermenêutico* da teologia está exigindo renovada esperança na Revelação do Deus dos pobres, cuja Epifania pode surpreender a cada um(a), bem como a humanidade toda que anseia por libertação. Resta-nos desejar a todos uma boa leitura!

Belo Horizonte, 6 de janeiro de 2021.

Festa da Epifania

Introdução

Este trabalho é resultado da pesquisa do estágio pós-doutoral em teologia, realizado na Faculdade Jesuíta de Filosofia e Teologia (Faje) sob a supervisão do Professor Nilo Ribeiro. Ele se insere no contexto mais amplo dos estudos acerca do estatuto teórico da teologia que tem ocupado o centro de minhas pesquisas e publicações nas duas últimas décadas[2], concentrando-se na problemática específica da "relação" teologia-hermenêutica.

Dentre os temas e problemas epistemológicos com os quais venho me enfrentando e que exige um estudo mais acurado e sistemático está a questão do estatuto teórico da "relação" teologia-hermenêutica. Não me parece evidente nem tranquila a tese hegemônica e mesmo convencional da teologia como hermenêutica. Certamente, a teologia tem um momento hermenêutico constitutivo e, nesse sentido, não há problema em falar da "teologia como hermenêutica". Mas que seja pura e simplesmente hermenêutica é, no mínimo, discutível e exige um estudo mais aprofundado tanto das teorias hermenêuticas quanto das teorias hermenêuticas no contexto mais

---

2 Cf. AQUINO JÚNIOR, F. *A teologia como intelecção do reinado de Deus*: O método da teologia da libertação segundo Ignacio Ellacuría. São Paulo: Loyola, 2010. • AQUINO JÚNIOR, F. *Teoria Teológica – Práxis Teologal*: Sobre o Método da Teologia da Libertação. São Paulo: Paulinas, 2012. • AQUINO JÚNIOR, F. *O caráter práxico-social da teologia*: Tópicos fundamentais de epistemologia teológica. São Paulo: Loyola, 2017. • AQUINO JÚNIOR, F. *Teologia e Filosofia*: Problemas de fronteiras. São Paulo: Paulinas, 2018.

amplo e complexo dos debates acerca da intelecção humana. E esta é a problemática central de nossa pesquisa, cujo resultado é o livro que ora apresentamos.

Ele está organizado em duas partes fundamentais que, embora tenham certa autonomia, estão aqui estreitamente vinculadas entre si na medida em que a primeira parte oferece o quadro teórico de desenvolvimento da segunda parte. A primeira parte está dedicada ao *debate sobre hermenêutica na filosofia*. Começa com uma "aproximação histórica" a partir de Paul Ricoeur (estado do problema hermenêutico, posição de Ricoeur, *status quaestionis* do debate sobre hermenêutica) e conclui com uma "aproximação crítico-sistemática" a partir de Xavier Zubiri (problemática da intelecção humana, relação intelecção-hermenêutica, práxis-intelecção-hermenêutica). A segunda parte está dedicada à problemática da *relação teologia-hermenêutica*, abordando e confrontando duas posturas teóricas distintas: "teologia como hermenêutica" segundo Claude Geffré (virada hermenêutica da teologia, pressupostos teóricos e implicações teológicas, apreciação crítica) e hermenêutica como "momento" da teologia a partir de Ignacio Ellacuría (teologia como intelecção do reinado de Deus, pressupostos filosófico-epistemológicos, relação teologia-hermenêutica).

Se o debate filosófico sobre a hermenêutica no contexto mais amplo da problemática da intelecção humana desenvolvida por Zubiri oferece um quadro teórico que permite assumir o momento hermenêutico da intelecção, sem reduzi-la a pura interpretação (práxis-intelecção-hermenêutica), este novo quadro teórico permite uma nova abordagem da relação teologia-hermenêutica no contexto mais amplo da problemática da intelecção da realização histórica do reinado de Deus (reinado de Deus-teologia-hermenêutica). Isso nos levará a uma passagem da "teologia como hermenêutica" para o "momento hermenêutico da teologia", como reza o subtítulo desta obra. Se Geffré fala de uma "virada hermenêutica da teologia", falaremos aqui, a partir de Ellacuría, da necessidade de uma virada práxica da teologia que, assumindo com seriedade o momento hermenêutico da teologia, situe o fazer teológico em sua totalidade no contexto mais amplo da realização histórica do reinado de Deus, oferecendo, assim, uma nova perspectiva de abordagem da problemática da relação teologia-hermenêutica: hermenêutica como momento da teologia e teologia como momento da realização histórica do reinado de Deus.

Certo de que o conhecimento de Deus e de seu desígnio salvífico não se restringe à operação mental/especulativa/hermenêutica, mas consiste, em última instância, em viver em comunhão com Ele e em realizar sua vontade (cf. Jr 22,16; 1Jo 2,4ss.; 4,8), esperamos que este trabalho possa contribuir para um fazer teológico consequente e eficaz, tanto do ponto de vista teórico (teologia como *intellectus*) quanto do ponto de vista teológico (teologia como *intellectus fidei*).

Limoeiro do Norte, 24 de março de 2020.

40 anos do martírio de São Romero de América

Primeira parte
O debate sobre hermenêutica na filosofia

A discussão sobre o estatuto teórico da relação teologia-hermenêutica, que é o objeto de estudo deste trabalho, supõe uma retomada do debate sobre hermenêutica na filosofia. É que a determinação e explicitação dos termos da relação teologia-hermenêutica (identificação ou momento) dependem da determinação e explicitação do estatuto teórico da hermenêutica enquanto atividade intelectiva (identificação ou momento). Se intelecção for sinônimo de hermenêutica, a teologia enquanto *intellectus fidei* deve ser tomada como hermenêutica da fé. Mas se a intelecção for algo mais complexo e mais amplo do que hermenêutica e, consequentemente, a hermenêutica for apenas um momento da atividade intelectiva, a teologia enquanto *intellectus* não pode ser identificada sem mais como hermenêutica, por mais que a hermenêutica seja um momento constitutivo, fundamental e determinante da teologia.

Daí a importância dessa primeira parte do trabalho. Embora o assunto tratado aqui não seja o foco de nossa pesquisa, sem ele não podemos enfrentar com seriedade e rigor a problemática do estatuto teórico da relação teologia-hermenêutica. A retomada do debate sobre hermenêutica na filosofia tem, aqui, paradoxalmente, um caráter secundário e fundamental. Secundário, por não ser nosso objeto central de estudo. Mas fundamental, por ser um pressuposto e um momento constitutivo do enfrentamento e do desenvolvimento da problemática que estamos tratando.

Por razões didático-sistemáticas, apresentaremos o debate sobre hermenêutica na filosofia em dois momentos coerentemente articulados. Primeiro, numa *aproximação histórica a partir de Paul Ricoeur*, retomando a história do movimento hermenêutico e explicitando o *status quaestionis* do debate sobre hermenêutica. Segundo, numa *aproximação crítico-sistemática a partir de Xavier Zubiri*, tratando da problemática da intelecção humana e discutindo o estatuto teórico da hermenêutica no contexto mais amplo do debate sobre a intelecção.

Esperamos com isso oferecer os pressupostos filosóficos necessários para a discussão acerca do estatuto teórico da relação teologia-hermenêutica que é nosso objeto de estudo e que será desenvolvida na segunda parte deste trabalho.

I

Aproximação histórica a partir de Paul Ricoeur

A discussão sobre o estatuto teórico da hermenêutica passa por uma retomada da história do movimento hermenêutico que se desenvolveu a partir do século XIX com Schleiermacher (1768-1834) e Dilthey (1833-1911) e no século XX com Heidegger (1889-1976), Gadamer (1900-2002) e Ricoeur (1913-2005), dentre outros[3]. Trata-se de um dos movimentos filosóficos mais importantes, fecundos e criativos do século XX. Mas um movimento extremamente complexo, dadas a diversidade e/ou contraposição de perspectivas e concepções hermenêuticas irredutíveis, o que torna nosso trabalho muito complexo e exige uma clara delimitação da abordagem que faremos do tema.

Não vamos fazer aqui um estudo abrangente e exaustivo do movimento hermenêutico. Isso não é nosso objeto de estudo nem somos historiadores da filosofia. Sua abordagem aqui está em função da determinação do estatuto teórico da relação teologia-hermenêutica. Nosso interesse e nosso propósito são bem mais modestos e têm um caráter mais sistemático do que histórico. Trata-se apenas

3 Cf. GRONDIN, J. *Hermenêutica*. São Paulo: Parábola, 2012. • SCHMIDT, L.K. *Hermenêutica*. Petrópolis: Vozes, 2012.

de apresentar, a partir dos autores mais importantes desse movimento, o *status quaestionis* do debate acerca do estatuto teórico da hermenêutica enquanto atividade intelectiva. Não há como fazer isso sem passar pelos grandes teóricos da hermenêutica e retomar o debate entre eles, isto é, sem esboçar minimamente uma história da hermenêutica enquanto movimento filosófico. Mas nosso interesse está mais voltado para o estado atual da questão, isto é, para o debate em torno das concepções e dos termos em que e com que se definem o estatuto teórico da hermenêutica, do que para a história do movimento hermenêutico ou, o que dá no mesmo, para o desenvolvimento histórico do debate sobre hermenêutica. Nesse sentido, como dissemos, nosso estudo tem um caráter mais sistemático (estado atual da questão) do que histórico (história da hermenêutica).

E um caminho muito fecundo para isso é retomar a história da hermenêutica ou do movimento hermenêutico a partir de Paul Ricoeur[4]. Por várias razões:

Ele é um dos teóricos mais importantes do movimento hermenêutico e está de tal modo ligado à hermenêutica que não se pode falar de um sem falar do outro. Sua filosofia é uma filosofia hermenêutica e ele é um dos grandes nomes do movimento hermenêutico. Em um texto autobiográfico que tinha o propósito de oferecer uma "visão de conjunto" de suas investigações filosóficas, o próprio Ricoeur mostra como sua filosofia se insere na "tradição fenomenológica e hermenêutica" e como suas análises "continuam, corrigem e às vezes questionam essa tradição"[5]. Caracteriza a tradição filosófi-

---

4 Cf. RICOEUR, P. *A crítica e a convicção*: Conversas com François Azouvi e Marc de Launa. Lisboa: Ed. 70, 2009. • DOSSE, F. *Paul Ricoeur*: Os sentidos de uma vida (1913-2005). São Paulo: LiberArs, 2017. • GRONDIN, J. *Paul Ricoeur*. São Paulo: Loyola, 2015. • PELLAUER, D. *Compreender Ricoeur*. Petrópolis: Vozes, 2009. • JERVOLINO, D. *Introdução a Ricoeur*. São Paulo: Paulus, 2011.

5 RICOEUR, P. "Acerca de la interpretación". In: *Del texto a la acción*: Ensayos de hermenêutica II. Buenos Aires: Fondo de Cultura Económica, 2010, p. 15-36, aqui 15.

ca a que pertence como uma "filosofia *reflexiva*", uma filosofia que "se encontra na esfera de influência da *fenomenologia* husserliana" e uma filosofia que "pretende ser uma variante *hermenêutica* dessa fenomenologia"[6]. Não obstante a variedade de temas que trabalha e de autores, correntes e teorias com quem dialoga e interage, a hermenêutica, como afirma Jean Grondin, é sem dúvida nenhuma "o termo que melhor resume seu pensamento" e que "melhor faz justiça ao percurso total da [sua] obra, a seu método de leitura e ao modo pelo qual Ricoeur compreendeu a si próprio"[7].

Além do mais, Ricoeur é um pensador muito erudito, tem um amplo conhecimento da filosofia e sua reflexão é feita num diálogo crítico-criativo com a história da filosofia. Essa é uma das características de seu pensamento. A história da filosofia é um elemento ou momento constitutivo fundamental de seu filosofar e de sua filosofia, a ponto de chegar a ser considerado mais um "comentador" do que um "filósofo" propriamente dito. Na verdade, como diz Marcelo, Ricoeur é um "filósofo que pensa por *problemas*" e seu pensamento é normalmente um "*pensar com* – e por vezes um *pensar contra* – outros" que bem poderíamos caracterizar como um "*pensamento original informado*, alternativo quer ao enciclopedismo quer à tentativa ingênua de obter uma pureza de pensamento que redunde numa originalidade desprovida de conteúdo significativo"[8]. Isso que de alguma forma caracteriza todo filósofo e toda filosofia – a história da filosofia como um momento constitutivo do filosofar – caracteriza de modo particular a filosofia de Ricoeur e favorece enormemente uma retomada e um diálogo com a história da filosofia hermenêutica.

---

6 RICOEUR, P. "Acerca de la interpretación". Op. cit., p. 27s.

7 GRONDIN, J. *Paul Ricoeur*. Op. cit., p. 14, 22.

8 MARCELO, G. "Introdução". In: RICOEUR, P. *O discurso da ação*. Lisboa: Ed. 70, 2013, p. 11-37, aqui p. 12.

Por fim, Ricoeur tem um espírito sistemático muito aguçado e uma forma bastante didática de formular e apresentar sua reflexão, dialogando com a tradição e buscando "os pontos de convergência e de divergência entre abordagens aparentemente antitéticas, mas que podem se revelar complementares nalguns aspectos, inconciliáveis noutros"[9]. Isso lhe confere um "perfil filosófico" muito complexo e peculiar: "o do filósofo da interdisciplinaridade, das margens, das pontes e das ligações"[10]. Ele mesmo reivindica um "espírito sistemático" no seu pensamento: "Confesso que sempre tive necessidade de ordem e, apesar de recusar toda forma de sistema totalizante, não me oponho a uma certa sistematicidade"[11]. Reconhece que sua forma de pensar é marcada pela "mania das conciliações"[12], o que se traduz num esforço gigantesco por superar dualismos e reducionismos simplistas e integrar posições aparentemente contrárias, mas muitas vezes apenas distintas e complementares. E explica a tendência a um "certo didatismo" em sua obra em parte "pelo fato de todo o [seu] trabalho ter sido posto à prova do [seu] ensino"[13].

Tudo isso justifica nossa opção de *aproximação histórica* ao debate sobre hermenêutica *a partir de Paul Ricoeur*. Sua importância no movimento hermenêutico, sua relação crítico-criativa com a tradição filosófica – um "pensamento original informado"[14], uma "relação de conflitividade produtiva"[15] – e o caráter sistemático-didático da formulação e exposição de seu pensamento favorecem enormemente uma retomada histórico-sistemática do movimento

---

9 MARCELO, G. "Introdução". Op. cit., p. 12.

10 Ibid., p. 29.

11 RICOEUR, P. *A crítica e a convicção*. Op. cit., p. 46s.

12 Ibid., p. 102.

13 Ibid., p. 46s.

14 MARCELO, G. "Introdução". Op. cit., 12.

15 RICOEUR, P. *A crítica e a convicção*. Op. cit., p. 131.

hermenêutico e, com isso, a explicitação do estado atual do debate acerca do estatuto teórico da hermenêutica.

Em nossa aproximação histórica ao debate sobre hermenêutica a partir de Paul Ricoeur começaremos apresentando a "descrição" e o "balanço" que ele faz da história recente da hermenêutica. Em seguida, apresentaremos sua "contribuição" nesse debate. Por fim, e a modo de conclusão, apresentaremos, a partir de sua "descrição" e de seu "balanço" da história da hermenêutica e de sua "contribuição" nesse debate, o *status quaestionis* do debate acerca do estatuto teórico da hermenêutica na filosofia.

1 O estado do problema hermenêutico

Conforme indicamos acima, a história da filosofia é um momento constitutivo fundamental da filosofia de Ricoeur. E isso que vale para os diversos problemas com os quais ele se enfrentou em sua longa e complexa atividade filosófica, vale de modo particular para a problemática hermenêutica. Sua posição acerca da hermenêutica que, diga-se de passagem, foi se desenvolvendo e se alargando ao longo do tempo, foi sendo construída e formulada num diálogo crítico-criativo ou, em sua própria formulação, numa "relação de conflitividade produtiva"[16] com a filosofia hermenêutica e com as correntes e os autores com os quais foi se confrontando em seu labor filosófico.

Por essa razão não se pode compreender e explicitar sua concepção sobre hermenêutica sem retomar explicitamente seu debate com a história da hermenêutica. Ele mesmo, além de formular seu pensamento em referência explícita aos teóricos da hermenêutica, oferece uma visão sistemática sobre a história da hermenêutica com a qual se enfrenta na formulação de seu pensamento. E o faz de

16 Ibid., p. 131.

modo particular e mais elaborado em um texto intitulado *A tarefa da hermenêutica*[17], que seguiremos rigorosamente em nossa retomada da história da hermenêutica.

Certamente, não se trata, aqui, de uma história da filosofia hermenêutica no sentido estrito da palavra. Ricoeur foi professor de História da Filosofia e foi um grande conhecedor da filosofia, em particular da tradição reflexivo-fenomenológico-hermenêutica na qual se insere e se reconhece. Mas seu propósito nesse trabalho não é simplesmente apresentar o pensamento de determinados autores. Como bem afirma na primeira linha do texto: "O presente estudo visa a descrever o estado do problema hermenêutico, tal como o recebo e o percebo, antes de trazer minha própria contribuição" (p. 23). Noutras palavras, seu interesse não é apresentar uma história da filosofia hermenêutica, mas "descrever o estado do problema hermenêutico" tal como o recebe e o percebe em vista da formulação de sua posição nesse debate. E, assim, não apenas subordina o interesse histórico (história da hermenêutica) ao interesse sistemático (problema hermenêutico), mas o faz a partir e em função de sua posição acerca do problema hermenêutico que apresentará de modo mais sistemático em outros textos que retomaremos no item seguinte.

O próprio Ricoeur adverte que a "apresentação" que fará do problema hermenêutico não é "neutra" no sentido de ser "despojada de pressuposição" e que a hermenêutica mesma "já nos previne contra essa ilusão ou essa pretensão" (p. 24). Na verdade, diz ele: "O balanço hermenêutico que aqui proponho *converge para* a formulação de uma aporia, a mesma que dinamizou minha própria pesquisa" (p. 23s.) [grifo nosso]. Esse *convergir para* indica o *interesse e/ou orientação* de seu "balanço hermenêutico" que é "extrair não somente os elementos de uma convicção, mas os termos de um problema

17 Cf. RICOEUR, P. "A tarefa da hermenêutica". In: *Hermenêutica e ideologias*. Petrópolis: Vozes, 2011, p. 23-50. A partir de agora, os números entre parêntesis, sem outra indicação, remetem a páginas desse texto.

não resolvido" e, assim, "conduzir a reflexão hermenêutica até o ponto em que ela recorra, por uma aporia interna, a uma reorientação importante". Com isso "fica preparado o terreno para resolver a aporia central da hermenêutica" que é "a alternativa [desastrosa] entre explicar e compreender". E aqui se insere a contribuição de Ricoeur no debate hermenêutico: "a busca de uma complementaridade entre essas duas atitudes [...] exprimirá [...], no plano epistemológico, a reorientação exigida da hermenêutica pela noção do texto" (p. 23). De modo que sua abordagem histórica da hermenêutica é inseparável de sua posição sobre o problema hermenêutico e em boa medida está condicionada e determinada por ela.

Ele parte da tese da hermenêutica como "teoria das operações da compreensão em sua relação com a interpretação dos textos", cuja "ideia-diretriz" é a da "efetuação do discurso como texto" (p. 23). A "linguagem", em particular a "linguagem escrita", constitui "o primeiro 'lugar' da interpretação" ou "a primeira 'localidade' que a hermenêutica procura desenclavar [sic]"[18] (p. 24). Essa "relação privilegiada" da hermenêutica com a linguagem aparece já "no nível mais elementar e mais banal da conversação", dados a "polissemia das palavras" e o "papel seletivo dos contextos" na determinação do sentido de uma palavra numa situação particular: "reconhecer qual a mensagem relativamente unívoca que o locutor construiu apoiado na base polissêmica do léxico comum" (p. 25). E revela toda sua importância, necessidade e complexidade na "linguagem escrita" ou no que Dilthey chamou "expressões da vida fixadas pela escrita". Aqui, o "diálogo", isto é, "o jogo da questão e da resposta" já não é possível. Exige-se um "trabalho específico de interpretação". São necessárias "técnicas específicas para se elevar ao nível do discurso a cadeia dos sinais escritos e discernir a men-

18 A tradução portuguesa da expressão francesa "*désenclaver*" é "desenclavinhar" e não "desenclavar".

sagem através das codificações superpostas, próprias à efetuação do discurso como texto" (p. 25).

Para Ricoeur, a história recente da hermenêutica está dominada por duas preocupações fundamentais: a passagem "das hermenêuticas regionais à hermenêutica geral" (Schleiermacher e Dilthey) e a passagem "da epistemologia à ontologia" (Heidegger e Gadamer). Essas preocupações produziram um duplo movimento na hermenêutica: "desregionalização" e "radicalização", através dos quais "a hermenêutica se torna não somente *geral*, mas *fundamental*" (p. 24). E Ricoeur passa a descrever esse duplo movimento a fim de mostrar que ele está marcado por uma "aporia interna", cuja solução passa por uma nova "reorientação" da hermenêutica.

1.1 "Das hermenêuticas regionais à hermenêutica geral"

A primeira preocupação que domina a história recente da hermenêutica "tende a ampliar progressivamente a visada da hermenêutica, de tal modo que todas as hermenêuticas *regionais* sejam incluídas numa hermenêutica *geral*" (p. 24). Trata-se de um movimento de "desregionalização" da hermenêutica, ligado de modo particular aos nomes de Schleiermacher e Dilthey.

1.1.1 Friedrich Schleiermacher

Segundo Ricoeur, o movimento de "desregionalização" da hermenêutica começa com o esforço de Schleiermacher para "extrair um problema geral da atividade de interpretação". Antes dele, o trabalho de interpretação estava ligado à "filologia dos textos clássicos, sobretudo os da antiguidade greco-latina" e à "exegese dos textos sagrados", variando conforme a diversidade dos textos. E uma "hermenêutica geral" exige ir além da "particularidade dos textos" e da "particularidade das regras" de interpretação e discernir as "operações comuns" aos vários ramos da hermenêutica. Ela nasceu, assim, do "esforço para se elevar a exegese e a filologia ao nível de uma *Kunstlehre*, vale dizer, de uma 'tecnologia' que não se limita a uma simples coleção de operações desarticuladas" (p. 26).

Essa "subordinação das regras particulares da exegese e da filologia à problemática geral do compreender" constitui, para Ricoeur, "uma reviravolta inteiramente análoga à que fora operada pela filosofia kantiana com referência às ciências da natureza" (p. 26). Aliás, "o kantismo constituiu o horizonte filosófico mais próximo da hermenêutica". Mesmo se Schleiermacher não está consciente disso, "o espírito geral da *Crítica* [que] pretende inverter a relação entre uma teoria do conhecimento e uma teoria do ser" criou o clima adequado à "formação do projeto de referir as regras de interpretação, não à diversidade dos textos e das coisas ditas nesses textos, mas à operação central que unifica a diversidade da operação" (p. 26). Mas além do "kantismo", sua hermenêutica é profundamente marcada pela "filosofia romântica", de quem recebeu "sua mais fundamental convicção, a saber, a de que o espírito é o inconsciente criador trabalhando em individualidades geniais" (p. 27).

De modo que o "programa hermenêutico" de Schleiermacher tem uma dupla marca: "romântica e crítica": *Crítica* por "seu desejo de elaborar regras universalmente válidas da compreensão" e pelo "propósito de lutar contra a não compreensão em nome do famoso adágio 'há hermenêutica, onde houver não compreensão'"; *Romântica* por "seu apelo à relação viva com o processo de criação" e pelo "intuito de 'compreender um autor tão bem e mesmo melhor do que ele mesmo se compreendeu'" (p. 27).

Ao mesmo tempo, diz Ricoeur, ele "legou à sua descendência nas notas de hermenêutica que jamais conseguiu transformar em obra acabada" uma "aporia" e um "primeiro esboço" do problema da relação entre o que chamou "interpretação gramatical" e "interpretação técnica" ou "psicológica" (p. 27s.). A distinção entre essas duas formas de interpretação é uma "constante" em sua obra, mas sua "significação não cessa de deslocar-se no decurso dos anos" (p. 28). Por isso, para compreendermos seu projeto hermenêutico temos que compreender tanto essas duas formas de interpretação quanto o significado e o lugar que elas ocupam em sua obra.

A *interpretação gramatical* "apoia-se nos caracteres do discurso que são comuns a uma cultura". É chamada "objetiva" porque "versa sobre os caracteres linguísticos distintos do autor", mas "negativa" porque "indica simplesmente os limites da compreensão" – "seu valor crítico refere-se apenas aos erros concernentes ao sentido das palavras". Já a *interpretação técnica ou psicológica* "dirige-se à singularidade, até mesmo à genialidade, da mensagem do escritor" e é nomeada assim "por causa do projeto de uma *Kunstlehre*, de uma tecnologia". É chamada "positiva" porque "atinge o ato de pensamento que produz o discurso".

São interpretações distintas que exigem "talentos distintos" e "não podem ser praticadas ao mesmo tempo" (p. 28). Mas se inicialmente ambas as interpretações eram equivalentes e possuíam "direitos iguais" no projeto hermenêutico de Schleiermacher, em seus últimos textos, diz Ricoeur, "a segunda interpretação ganha um primado sobre a primeira e o caráter *advinhatório* da interpretação enfatiza seu caráter psicológico" (p. 28). Esse primado da interpretação "psicológica" sobre a "gramatical" e, na "interpretação psicológica", do método "advinhatório" sobre o "comparativo" produz um claro descolamento de significado em seu projeto hermenêutico.

Entretanto, adverte Ricoeur, "a interpretação psicológica jamais se limita a uma afinidade com o autor, mas implica motivos críticos na atividade de comparação: uma individualidade só pode ser compreendida por comparação e por contraste" (p. 28s.). De modo que a "interpretação psicológica" comporta "elementos técnicos e discursivos", complicando, assim, a "dificuldade de se demarcar as duas hermenêuticas". Ao "primeiro par de opostos, o *gramatical* e o *técnico*", diz ele, superpõe-se um "segundo par de opostos, a *adivinhação* e a *comparação*" (p. 29).

Esse é o "embaraço" ou aporia da hermenêutica de Schleiermacher que, segundo Ricoeur, só pode ser superado "se elucidarmos a relação da obra com a subjetividade do autor e se, na interpretação, deslocarmos a ênfase da busca patética das subjetividades subterrâneas em direção ao sentido e à referência da própria obra" (p. 29). Mas antes disso, diz ele, é preciso "levar mais adiante essa aporia central da hermenêutica" em sua ampliação epistemológica com Dilthey e em seu deslocamento ontológico com Heidegger e Gadamer.

1.1.2 Wilhelm Dilthey

Dilthey se insere nessa "encruzilhada crítica da hermenêutica, onde a amplitude do problema é percebida, muito embora permaneça colocada em termos do debate epistemológico característico de toda a época neokantiana" (p. 29).

Dois fatos culturais fundamentais possibilitaram e condicionaram seu pensamento e seu aporte sobre hermenêutica.

De um lado, o "historicismo", marcado pela "transferência de interesse das obras-primas da humanidade sobre o encadeamento histórico que as transportou" (p. 30). O esforço de Dilthey de ampliação do problema hermenêutico – da "interpretação dos textos" ao "domínio mais amplo do conhecimento histórico" – está ligado ao "grande êxito da cultura alemã no século XIX" que foi a "invenção da história como ciência de primeira grandeza" (p. 29s.). Nesse contexto, "o texto a ser interpretado é a própria realidade e seu encadeamento (*Zusammenhang*)". O problema primeiro e fundamental aqui não é "como compreender um texto do passado", mas "como conceber um encadeamento histórico". Noutras palavras: "Antes da coerência de um texto, vem a [coerência] da história, considerada como o grande documento do homem, como a mais fundamental expressão da vida". E "Dilthey é, antes de tudo, o intérprete desse pacto entre hermenêutica e história" (p. 30).

De outro lado, a "ascensão do positivismo enquanto filosofia", entendido como "a exigência do espírito de manter como modelo de toda inteligibilidade o tipo de explicação empírica que vinha sendo adotado no domínio das ciências naturais". Isso o levava a buscar a "chave de solução" do problema da "inteligibilidade do histórico enquanto tal" (primeiro fato cultural relevante) "não do lado da ontologia, mas numa reforma da própria epistemologia" (segundo fato cultural relevante). Ricoeur recorda que "o tempo de Dilthey é o da completa recusa do hegelianismo e o da apologia do conhecimento experimental". Nesse contexto, "o único modo de se fazer justiça ao conhecimento histórico parecia consistir em conferir-lhe uma dimensão científica, comparável à que as ciências da natureza haviam conquistado" (p. 30). E Dilthey se esforça por "dotar as ciências do espírito de uma metodologia e de uma epistemologia tão respeitáveis quanto as das ciências da natureza" (p. 31).

É nesse ambiente cultural marcado pelo "historicismo" e pelo "positivismo enquanto filosofia" que emerge a "questão fundamental" de Dilthey: "como o conhecimento histórico é possível" ou, ainda, "como as ciências do espírito são possíveis"? Segundo Ricoeur, "essa questão nos conduz ao limiar da grande oposição, que atravessa toda a obra de Dilthey, entre a *explicação* da natureza e a *compreensão* da história" e é "repleta de consequências para a hermenêutica que se vê, assim, cortada da explicação naturalista e relegada do lado da intuição psicológica" (p. 31).

De fato, Dilthey vai buscar o "traço distintivo" da compreensão na psicologia. "Toda *ciência do espírito* pressupõe uma capacidade primordial: a de se transpor na vida psíquica de outrem". Se nas ciências da natureza "o homem só atinge fenômenos distintos dele, cuja *coisidade fundamental* lhe escapa", nas ciências do espírito, ao contrário, "o homem conhece o homem" e, por mais estranho que o outro nos seja, "não é um estranho no sentido que pode sê-lo a coisa física incognoscível". Essa "diferença de estatuto entre a coisa natural [mundo físico] e o espírito [mundo psíquico] comanda, pois, a diferença de estatuto entre explicar e compreender". E por mais que o espírito não se reduza ao âmbito individual e se possa falar com Hegel de "espírito objetivo" (instituições, culturas), para Dilthey, que ainda pertence à geração dos neokantianos, o indivíduo é o "pivô de todas as ciências humanas". Trata-se, certamente, de um indivíduo considerado "em suas relações sociais, mas fundamentalmente singular" (p. 31). Por essa razão, diz Ricoeur, "as ciências do espírito exigem, como ciência fundamental, a psicologia, ciência do indivíduo agindo na sociedade e na história" (p. 31s.). Ela é a "base" de todas as ciências do espírito. E aqui se pode reconhecer "o firme propósito de se voltar as costas a Hegel, de se passar do conceito hegeliano do espírito dos povos e, assim, de se retomar a perspectiva kantiana, mas no ponto em que [...] Kant havia parado" (p. 32).

Para Dilthey, "a chave da crítica do conhecimento histórico, que tanta falta fazia ao kantismo, deve ser procurada do lado do fenômeno fundamental da *conexão interna* ou do *encadeamento*, mediante o qual a vida de outrem, em seu jorrar, deixa-se discernir e identificar". O "conhecimento de outrem" é possível porque "a vida produz formas, exterioriza-se em configurações estáveis". É possível "conceitualizar na ordem da vida, que é a da experiência flutuante, situada no oposto da regulação natural" porque "a vida espiritual se fixa em conjuntos estruturados suscetíveis de serem compreendidos por outrem" (p. 32).

Para conferir "certa consistência a essa noção de encadeamento", Dilthey vai se apoiar em Husserl, concretamente em sua noção de "intencionalidade", segundo a qual o psiquismo se caracteriza pela "propriedade de visar um sentido suscetível de ser identificado". Embora não possamos atingir o psiquismo em si mesmo, "podemos captar aquilo que ele visa, o correlato objetivo e idêntico no qual o psiquismo se ultrapassa" a si mesmo. Essa noção de "significação" vem, assim, reforçar o conceito de "estrutura psíquica" (p. 32).

Frente ao "problema hermenêutico recebido de Schleiermacher", diz Ricoeur, "a passagem da compreensão, definida amplamente pela capacidade de transpor-se em outrem, à interpretação, no sentido preciso da compreensão das expressões da vida fixadas pela escrita, colocava um duplo problema" (p. 33).

Por um lado, "a hermenêutica completava a psicologia compreensiva, acrescentando-lhe um estágio suplementar". Ela visava "reproduzir um encadeamento, um conjunto estruturado, apoiando-se numa categoria de signos, os que foram fixados pela escrita ou por qualquer outro procedimento de inscrição equivalente à escrita". Já que é "impossível" apreender a vida psíquica de outrem em suas "expressões imediatas", deve-se, então, "reproduzi-la, reconstruí-la, interpretando os signos objetivados". Isso exige "regras distintas" de compreensão e, como em Schleiermacher, "é a filologia, isto é, a explicação dos textos, que fornece a etapa científica da compreensão". Em ambos os casos, o papel da hermenêutica consiste em "estabelecer teoricamente, contra a intromissão constante da arbitrariedade romântica e do subjetivismo cético [...], a validade universal da interpretação, base de toda certeza em história". Ela se constitui, assim, como a "camada objetivada da compreensão, graças às estruturas essenciais do texto" (p. 33).

Por outro lado, "a psicologia compreensiva infletia a hermenêutica num sentido psicológico", o que explica por que "Dilthey reteve de Schleiermacher o lado psicológico de sua hermenêutica", fazendo do problema da "compreensão por transferência a outrem" o "seu próprio problema". A contrapartida ou preço disso é que a psicologia continua sendo a "última justificação" da hermenêutica e a "autonomia do texto" não passa de um "fenômeno provisório e superficial" (p. 33). Por isso mesmo, diz Ricoeur, "a questão da objetividade permanece, em Dilthey, um problema ao mesmo tempo inelutável e insolúvel". *Inelutável*, pela "pretensão de contrapor-se ao positivismo por uma concepção autenticamente científica da compreensão". *Insolúvel*, pela "subordinação do problema hermenêutico ao problema propriamente psicológico do conhecimento de outrem", o que o condenava a "procurar fora do campo próprio da interpretação a fonte de toda interpretação" (p. 34).

Para Dilthey, "a objetivação começa muito cedo, desde a interpretação de si mesmo" através das "objetivações" da "própria vida" em "sinais" e "obras". Desta forma, assume da *Lebensphilosophie* a tese da vida como "dinamismo criador", mas, na contramão desta filosofia, defende que o conhecimento desse dinamismo só é possível pelo "desvio dos sinais e das obras". E, assim, realiza uma "fusão entre o conceito de dinamismo e o de estrutura, a vida aparecendo como um dinamismo que se estrutura a si mesmo" e se vê tentado a "generalizar o conceito de hermenêutica, inserindo-o sempre mais profundamente na teleologia da vida" (p. 34).

Segundo Ricoeur, "a obra de Dilthey, mais ainda que a de Schleiermacher, elucida a aporia central de uma hermenêutica que situa a compreensão do texto sob a lei da compreensão de outrem que nele se exprime". Trata-se, no fundo, de um empreendimento psicológico, voltado não para "*aquilo* que diz o texto", mas para "*aquele* que nele se expressa". Como bem indicou Gadamer, há um "conflito latente" na obra de Dilthey. Trata-se do conflito entre "uma filosofia da vida, com seu irracionalismo profundo, e uma filosofia do sentido, possuindo as mesmas pretensões que a filosofia hegeliana do espírito objetivo". E Dilthey "transformou essa dificuldade em um axioma: em si mesma, a vida comporta o poder de ultrapassar-se em significações" ou, como diz Gadamer, ela "possui uma estrutura hermenêutica" (p. 35). No entanto, diz Ricoeur, "podemos nos perguntar se para pensar as objetivações da vida e tratá-las como dados não foi preciso colocar todo o idealismo especulativo na raiz mesma da vida" e "pensar a própria vida como espírito" (p. 36).

Ricoeur afirma que Dilthey "percebeu perfeitamente o âmago do problema", isto é, que "a vida só apreende a vida pela mediação das unidades de sentido que se elevam acima do fluxo histórico". Ele "percebeu um modo de ultrapassagem da finitude sem sobrevoo, sem saber absoluto, que é, propriamente, a interpretação". E, com isso, ele "aponta a direção segundo a qual o historicismo poderia ser vencido por ele mesmo, sem invocar nenhuma coincidência triunfante com qualquer saber absoluto". Mas para levar adiante essa descoberta, diz Ricoeur, será preciso "que se renuncie a vincular o destino da hermenêutica à noção puramente psicológica da transferência numa vida psíquica estranha e que se desvende o texto, não mais em direção a seu autor, mas em direção ao sentido imanente e a esse tipo de mundo que ele abre e descobre" (p. 36).

1.2 "Da epistemologia à ontologia"

Se a primeira preocupação do movimento hermenêutico tem um caráter estritamente *epistemológico* e diz respeito à "passagem das hermenêuticas regionais à hermenêutica geral" (movimento de *desregionalização*), sua segunda preocupação tem um caráter propriamente *ontológico* e aqui o "compreender" deixa de aparecer como um simples "modo de conhecer" para se tornar "uma maneira de ser e relacionar-se com os seres e com o ser" (movimento de *radicalização*). Isso faz com que a hermenêutica se torne "não somente *geral*, mas *fundamental*" (p. 24).

Heidegger e Gadamer marcam uma nova etapa no movimento hermenêutico. Eles rompem com a concepção anterior da hermenêutica como "epistemologia" ou como "modalidade de teoria do conhecimento". E, nesse sentido, "sua contribuição não pode situar-se pura e simplesmente no prolongamento do empreendimento de [Schleiermacher e] Dilthey". Ela consiste num esforço gigantesco de "cavar por debaixo do próprio empreendimento epistemológico, a fim de elucidar suas condições propriamente ontológicas" (p. 37).

Se o primeiro movimento ["das hermenêuticas regionais à hermenêutica geral"] deve ser tomado "sob o signo da revolução copernicana", esse segundo movimento ["da epistemologia à ontologia"] deve ser tomado "sob o signo de uma segunda revolução copernicana que recolocaria as questões de método sob o controle de uma ontologia prévia". E, aqui, diz Ricoeur, surge uma questão nova: "ao invés de nos perguntarmos como sabemos, perguntaremos qual o modo de ser desse ser que só existe compreendendo" (p. 37).

1.2.1 Martin Heidegger

Em sua obra *Sein und Zeit*, Heidegger produz uma dupla "reviravolta" no problema da "compreensão". Trata-se da "transferência do problema de método sobre o problema de ser" e do "deslocamento do lugar filosófico" da relação com "outrem" para a relação com o "mundo" (p. 39).

A "primeira reviravolta" operada por Heidegger no problema da compreensão é a passagem de um enfoque epistemológico para um enfoque ontológico. "A teoria do conhecimento é, desde o início, transformada por uma interrogação que a precede e que versa sobre o modo como um ser encontra o ser, antes mesmo de se opô-lo como um objeto que faça face a um sujeito". Desde a introdução da obra, a "questão da *Auslegung*" está vinculada à "questão do *sentido* do ser" (p. 37). E embora sua ênfase "recaia sobre o *Dasein*, sobre o *ser-aí* que somos nós [...], esse *Dasein* não é um sujeito para quem há um objeto, mas um ser no ser" (p. 37s.). Ele "designa o *lugar* onde a questão do ser surge, o lugar da manifestação" e, por isso, "compete à sua estrutura, como ser, ter uma *pré-compreensão* ontológica do ser". Sendo assim, "exibir essa constituição do *Dasein* não significa absolutamente 'fundar por derivação', como na metodologia das ciências humanas, mas 'extrair o fundamento por exibição'". E, dessa forma, cria-se uma "oposição" entre "fundamento epistemológico" ligado ao problema dos "conceitos de base que regem regiões de objetos particulares" e "fundação ontológica" que visa "extrair os conceitos fundamentais que 'determinam a compreensão prévia da região, fornecendo a base de todos os objetos temáticos de uma ciência e que orientam, assim, toda pesquisa positiva'". Isso produz uma verdadeira reviravolta na concepção de hermenêutica que já "não é uma reflexão sobre as ciências do espírito, mas uma explicitação do solo ontológico sobre o qual essas ciências podem edificar-se". Na verdade, isso "nada acrescentará à metodologia das ciências do espírito; antes, cavará sob essa metodologia para manifestar seus fundamentos" (p. 38).

Já a "segunda reviravolta" diz respeito ao "deslocamento" da relação com "outrem" para a relação com o "mundo". Se em Dilthey a compreensão estava ligada ao "problema de outrem", isto é, à "possibilidade de se aceder, por transferência, a um psiquismo estranho", em *Sein und Zeit* ela está "inteiramente desvinculada do problema da compreensão de outrem" e ligada ao "problema da relação do ser com o mundo". Se Dilthey ainda acreditava que "o conhecimento do psiquismo leva uma inegável vantagem sobre o conhecimento da natureza" por não culminar em algo completamente distinto dele ou estranho a ele, "Heidegger, que leu Nietzsche, não possui mais essa inocência" e sabe que "o outro, tanto quanto eu mesmo, é mais desconhecido a mim do que qualquer fenômeno da natureza", uma vez que "a dissimulação é mais espessa neste caso do que em qualquer outro". Não por acaso a "ontologia da compreensão" começa com uma reflexão sobre o "ser-em" ["ser no mundo"] e não sobre o "ser-com" ["ser com outro"] (p. 39). Isso significou uma verdadeira reviravolta na concepção de hermenêutica: "A questão *mundo* toma o lugar da questão *outrem*". E, "ao *mundanizar*, assim, o compreender, Heidegger o *despsicologiza*" (p. 39s.). Ricoeur chama atenção para o fato de que "esse deslocamento ficou inteiramente desconhecido nas interpretações ditas existencialistas de Heidegger". Elas não se deram conta de que "as análises da preocupação, da angústia, do ser para a morte" pertencem a uma "meditação sobre a *mundanidade do mundo*" e que pretendem "arruinar a pretensão do sujeito cognoscente de erigir-se em medida da objetividade" e reconquistar sua "condição de habitante desse mundo, a partir da qual há situação, compreensão, interpretação". A "teoria do compreender" deve ser "precedida" pelo "reconhecimento da relação de enraizamento". Por isso, as análises que Heidegger faz de alguns sentimentos "não é para *fazer existencialismo*, mas para extrair, em favor dessas experiências, um elo com o real mais fundamental do que a relação sujeito-objeto". O "sentimento da situação" [mundo] precede o "conhecimento" [sujeito-objeto] (p. 40).

E, aqui, surge a problemática da "compreensão". Não ainda como um "fato de linguagem, de escrita ou de texto", mas como um "poder ser". Sua primeira função é "nos orientar numa situação". Ela não se dirige à "apreensão de um fato", mas à apreensão de uma "possibilidade de ser". E isso tem consequências metodológicas graves: "compreender um texto, diremos, não é descobrir um sentido inerte que nele estaria contido, mas revelar a possibilidade de ser indicada pelo texto" (p. 40). Só assim "seremos fiéis ao compreender heideggeriano que é, essencialmente, um *projetar* ou, de modo mais dialético e mais paradoxal, um *projetar* num *ser-lançado* prévio" (p. 40s.). E, aqui, de novo, adverte Ricoeur, "o tom existencialista é enganador". A expressão "projeto" não se refere a um "plano de conduta", mas a um "projetar" ou um estar "já" e "sempre" lançado. O importante, aqui, "não é o momento existencial da responsabilidade ou da livre-escolha [*ou... ou*], mas a estrutura de ser a partir da qual há um problema de escolha [*projeto-lançado*]" (p. 41).

Só depois, "em terceira posição, na tríade situação-compreensão-interpretação", diz Ricoeur, "surge o momento ontológico que interessa ao exegeta". Mas, "antes da exegese do texto, aparece a exegese das coisas". Em Heidegger, afirma, "a interpretação é, inicialmente, uma explicitação, um desenvolvimento da compreensão". Com isso, fica "impedido[19] todo retorno à teoria do conhecimento". O que está em jogo, aqui, é "o *enquanto* (*als*) que se liga às articulações da experiência". E "a enunciação não faz surgir o *enquanto*, ela faz apenas dar-lhe uma expressão" (p. 41).

Mas, se a analítica do *Dasein* "não visa expressamente aos problemas de exegese", em compensação, diz Ricoeur, "confere um sentido àquilo que pode parecer um fracasso no plano epistemológico" e que foi formulado em termos de "círculo hermenêutico". Ela vincula esse "fracasso aparente" a uma "estrutura ontológica insuperável" (p. 41), chamada por Heidegger de "pré-compreensão". Mas essa "pré-compreensão" não pode ser descrita nos "termos da teoria do conhecimento", isto é, "segundo as categorias do sujeito e do objeto". Ela diz respeito "ao modo de ser de todo ser que compreende historicamente". Nesse sentido, o "círculo hermenêutico" não passa de uma "sombra projetada", no "plano metodológico", dessa "estrutura [ontológica] de antecipação" e "o papel das pressuposições na exegese textual não passa de um caso particular dessa lei geral da interpretação" (p. 42). De modo que "o elemento decisivo não consiste em sair do círculo, mas em penetrar nele corretamente" (p. 42).

Como podemos observar, em *Sein und Zeit* a problemática da "linguagem" só aparece depois da problemática "da situação, da compreensão e da interpretação". Ela aparece como "articulação segunda, a articulação da explicitação em enunciados" (p. 42). Isso nos ajuda perceber que "sua função primeira não consiste na comu-

---

19 A versão portuguesa do texto que estamos utilizando traduz a expressão francesa *prévenu*, na frase "tout retour à la théorie de la connaissance est ainsi *prévenu*", por "previsto". Mas seu sentido é bem outro e seria mais corretamente traduzido por "impedido".

nicação com outrem, nem tampouco na atribuição de predicados a sujeitos lógicos, mas no *fazer-valer*, na *mostração*, na *manifestação*", e indica que ela "possui suas raízes na constituição existencial da abertura do ser-aí". Se, como diz Heidegger, "o discurso é a articulação 'significante' da estrutura compreensiva do ser-no-mundo", é preciso "ressituar o discurso nas estruturas do ser e não essas estruturas no discurso" (p. 43).

E, com isso, diz Ricoeur, "está esboçada a passagem à segunda filosofia de Heidegger: ela vai ignorar o *Dasein* e parte diretamente do poder de manifestação da linguagem". No entanto, Heidegger distingue na linguagem o "dizer" (*reden*) e o "falar" (*sprechen*). Enquanto o primeiro "designa a constituição existencial" (escutar-calar), o segundo indica "seu aspecto mundano que cai na empiria" (locução, interlocução). E, desde *Sein und Zeit*, o "*dizer* parece superior ao *falar*". É que "minha primeira relação com a palavra não é de produzi-la, mas de recebê-la", e "esta prioridade de *escuta* estabelece a relação fundamental da palavra com a abertura ao mundo e ao outro". Consequentemente, "a linguística, a semiologia, a filosofia da linguagem mantêm-se inelutavelmente no nível do falar e não atingem o dizer" e "a filosofia fundamental não aperfeiçoa a linguística mais do que é capaz de acrescentar à exegese" (p. 43).

Para Ricoeur, Heidegger não foi capaz de resolver a aporia diltheyniana entre compreensão e explicação. Ela "foi simplesmente deslocada e, assim, agravada". Se em Dilthey a aporia se encontra "*na* epistemologia, entre duas modalidades de conhecer", em Heidegger ela se situa "*entre* a ontologia e a epistemologia tomadas em bloco". Com essa filosofia, diz Ricoeur, "não cessamos de praticar o movimento de volta aos fundamentos, mas tornamo-nos incapazes de proceder ao movimento de retorno que, da ontologia fundamental, conduziria à questão propriamente epistemológica do estatuto das ciências do espírito". E "uma filosofia que rompe o diálogo com as ciências só se dirige a si mesma". Sem falar que é só no "movimento de retorno" que se pode tratar as "questões de exegese e, em geral, de crítica histórica como questões derivadas". De modo que "enquanto não procedermos efetivamente a essa derivação, permanece problemática a própria ultrapassagem para as questões de fundação" (p. 44). O problema fundamental aqui, diz Ricoeur, é "como tomar consciência de uma questão crítica em geral, no contexto de uma hermenêutica fundamental" (p. 44).

A questão aparece em *Sein und Zeit* no contexto da afirmação de que "o círculo hermenêutico, no sentido dos exegetas, está fundado sobre a estrutura de antecipação da compreensão no plano ontológico fundamental" (p. 44) e da distinção entre "a antecipação segundo as coisas mesmas e uma antecipação oriunda das ideias transversais e dos conceitos populares" (p. 45). Mas é "abandonada" imediatamente ao se afirmar que "os pressupostos ontológicos de todo conhecimento histórico transcendem, essencialmente, a ideia de rigor própria às ciências exatas" (p. 45). No fundo, diz Ricoeur, "a preocupação em se enraizar mais profundamente o círculo que toda epistemologia impede que se *repita a questão epistemológica após a ontologia*" (p. 45). É a aporia fundamental de Heidegger.

1.2.2 Hans-Georg Gadamer

Segundo Ricoeur, o "problema central" da filosofia hermenêutica de Gadamer em sua obra *Wahrheit und Methode* é a "aporia" entre ontologia e epistemologia. Ele se propõe "reavivar o debate das ciências do espírito a partir da ontologia heideggeriana e, mais precisamente, de sua inflexão nas últimas obras de poética filosófica". Toda a obra está organizada a partir e em torno do "escândalo" provocado por aquilo que constitui a "pressuposição ontológica" das ciências do espírito: o "distanciamento alienante" (p. 45). Para Gadamer, a "metodologia dessas ciências" implica "certo distanciamento" que, por sua vez, "exprime a destruição da relação primordial de pertença" (p. 45s.).

Esse debate entre "distanciamento alienante" (*Verfremdung*) e "relação primordial de pertença" (*Zugehörigkeit*) será desenvolvido por Gadamer nas "três esferas entre as quais reparte a experiência hermenêutica": na *esfera estética*, "a experiência de ser apreendido pelo objeto precede e torna possível o exercício crítico do juízo"; na *esfera histórica*, "a consciência de ser carregado por tradições que me precedem é o que torna possível todo exercício de uma metodologia histórica no nível das ciências humanas e sociais"; na *esfera da linguagem*, "a copertença às coisas ditas pelas grandes vozes dos criadores de discurso precede e torna possível todo tratamento científico da linguagem". De modo que "uma única e mesma tese está presente nas três partes de *Wahrheit und Methode*" (p. 46).

A filosofia de Gadamer, diz Ricoeur, exprime a "síntese" dos dois movimentos que marcam a história recente da hermenêutica: "das hermenêuticas regionais à hermenêutica geral" e "da epistemologia à ontologia". E assinala, ademais, em relação a Heidegger, "o esboço do movimento de retorno da ontologia em direção aos problemas epistemológicos" como indica o próprio título da obra ao confrontar "o conceito heideggeriano de verdade com o conceito diltheyniano de método". A questão, aqui, é saber até que ponto a obra merece ser denominada "Verdade *e* método" ou se não seria preferível denominá-la "Verdade *ou* método" (p. 46). Em todo caso, "se Heidegger podia dirimir o debate com as ciências humanas por um movimento soberano de ultrapassagem, Gadamer, ao contrário, pôde apenas mergulhar num debate sempre mais acalorado, justamente porque levava a sério a questão de Dilthey" (p. 46s.).

Antes de expor suas próprias ideias, Gadamer faz uma retomada histórica do debate hermenêutico, o que para Ricoeur demonstra que "a filosofia hermenêutica deve começar com uma recapitulação da luta da filosofia romântica [contra] a *Aufklärung*, da diltheyniana contra o positivismo, da heideggeriana contra o neokantismo" (p. 47).

Com relação à *filosofia romântica*, "a intenção de Gadamer é evitar recair na viseira do romantismo" que, a seu ver, "operou apenas uma reviravolta das teses da *Aufklärung*, sem conseguir deslocar a problemática e mudar o terreno do debate". Essa filosofia faz um grande esforço por "reabilitar o preconceito" que é uma categoria central da *Aufklärung*. Dessa forma, "trava seu combate sobre o terreno definido pelo adversário, a saber, o papel da tradição e da autoridade na interpretação". Sua reação à *Aufklärung* se desenvolve, assim, dentro dos limites traçados por esse movimento. Para Ricoeur, a questão aqui consiste em saber "se a hermenêutica de Gadamer conseguiu realmente ultrapassar o ponto de partida romântico da hermenêutica" e se sua afirmação de que "o homem encontra sua finitude no fato de situar-se, antes, no seio das tradições" consegue "escapar ao jogo das reviravoltas, no qual ele vê o romantismo filosófico encerrado, em face das pretensões de toda filosofia crítica" (p. 47).

Já *Dilthey* foi censurado por Gadamer por "ter permanecido prisioneiro de um conflito entre duas metodologias" e por "não ter sabido libertar-se da teoria tradicional do conhecimento" que tem como ponto de partida "a consciência de si, dona de si mesma". Contra essa filosofia que tem como referência última a *subjetividade* (filosofia reflexiva), Gadamer vai insistir na *dimensão histórica* do conhecimento, reabilitando o "preconceito", a "autoridade" e a "tradição" (filosofia histórica): "a história me precede e se antecipa à minha reflexão", "pertenço à história antes de pertencer a mim". Essa "polêmica antirreflexiva", que acaba conferindo a seu pensamento a "aparência de um retorno a uma posição pré-crítica", deve-se à "reconquista da dimensão histórica sobre o momento reflexivo" (p. 47s.). Mas "Dilthey não pôde compreender isso porque sua revolução permaneceu epistemológica e porque seu critério reflexivo prima sobre sua consciência histórica" (p. 48).

Nessa reconquista da "dimensão histórica" do conhecimento e de seu primado sobre o "momento reflexivo", Gadamer é herdeiro de *Heidegger*: "É dele que recebe a convicção segundo a qual aquilo que chamamos de preconceito exprime a estrutura de antecipação da experiência humana". Mas, ao mesmo tempo, e para além de Heidegger, diz Ricoeur, "a interpretação filológica deve permanecer um modo derivado do compreender fundamental" (p. 48).

Para Ricoeur, toda "essa rede de influências, alternadamente recusadas e assumidas, culmina numa teoria da consciência histórica que marca o ápice da reflexão de Gadamer sobre a fundação das ciências do espírito" e que será formulada em termos de "consciência-da-história-dos-efeitos" (*wirkungsgeschichtliches Bewusstsein*). Não se trata, aqui, de mais uma categoria da "metodologia", mas da "consciência reflexiva dessa metodologia", isto é, "da consciência de ser exposto à história e à sua ação, de tal forma que não podemos objetivar essa ação sobre nós porque faz parte do próprio fenômeno histórico" (p. 48). Em palavras de Gadamer: "não podemos nos abstrair do devir histórico [...] somos sempre situados na história [...] nossa consciência é determinada por um devir histórico real, de tal forma que ela não possui a liberdade de situar-se em face do passado" (p. 48).

É a partir desse conceito de "eficiência histórica" que Ricoeur vai colocar seu próprio problema: "como é possível introduzir qualquer instância crítica numa consciência de pertença expressamente definida pela recusa do distanciamento?" (p. 48s.). E para ele isso só é possível "na medida em que essa consciência histórica não se limitar a repudiar o distanciamento, mas também empenhar-se em assumi-lo". Ricoeur reconhece que a hermenêutica de Gadamer contém uma "série de sugestões decisivas" que se tornarão o ponto de partida de sua própria reflexão (p. 49).

Em primeiro lugar, "apesar da oposição maciça entre pertença e distanciamento alienante, a consciência da história eficiente contém, em si mesma, um elemento de distância". Afinal de contas, "a história dos efeitos é justamente a que se exerce sob a condição da distância histórica", é a "proximidade do longínquo", é a "eficácia na distância". Há, aqui, portanto, "um paradoxo da alteridade, uma tensão entre o longínquo e o próprio essencial à tomada de consciência histórica" (p. 49).

Um segundo indício é fornecido pelo conceito "fusão de horizontes" (*Horizont-verschmelzung*). Se, como pensa Gadamer, "a condição de finitude do conhecimento histórico exclui todo sobrevoo, toda síntese final à maneira hegeliana, essa finitude não é tal que eu fique fechado num ponto de vista". E, assim, "na medida mesma em que a fusão de horizontes exclui a ideia de um saber total e único, esse conceito implica a tensão entre o próprio e o estranho, entre o próximo e o longínquo" (p. 49s.).

Por fim, a linguagem. É que a "experiência linguageira" que nos constitui "só exerce sua função mediadora porque os interlocutores do diálogo anulam-se reciprocamente diante das coisas ditas que, de certo modo, conduzem o diálogo". Esse "reino da coisa dita" atinge seu ápice "quando a *Sprachlichkeit* se torna *Schriftlichkeit*, ou seja, quando a mediação pela linguagem se converte em mediação pelo texto". E, assim, diz Ricoeur, "o que nos faz comunicar a distância é a *coisa do texto* que não pertence mais nem ao seu autor nem ao seu leitor" (p. 50).

E com esta expressão, "a coisa do texto", chegamos ao "limiar" da reflexão própria de Ricoeur sobre hermenêutica. Com ela, como afirmava na apresentação do texto que acabamos de fazer, "fica preparado o terreno para uma tentativa de resolver a aporia central da hermenêutica: a alternativa, a [seu] ver desastrosa, entre explicar e compreender". E conclui: "a busca de uma complementaridade entre essas duas atitudes [...] exprimirá, assim, no plano epistemológico, a reorientação exigida da hermenêutica pela noção do texto" (p. 23).

2 A posição de Paul Ricoeur

A posição de Ricoeur acerca do estatuto teórico da hermenêutica foi se desenvolvendo e se definindo no contexto de seu debate crítico-criativo com a história da hermenêutica e com as correntes e os autores com os quais foi se confrontando em sua atividade filosófica ao longo da vida. Conforme apresentamos no item anterior, para Ricoeur, a história da hermenêutica, no fundo, é a história de um "problema não resolvido" ou de uma "aporia". E sua contribuição consistiria na superação desse "problema" ou dessa "aporia", conduzindo "a reflexão hermenêutica até o ponto em que ela recorra, por uma aporia interna, a uma reorientação importante" (p. 23), o que significaria uma nova fase da história da hermenêutica. Convém, por isso, retomarmos, em grandes linhas e do modo sistemático, o núcleo desse "problema" ou dessa "aporia" e apresentarmos a "revisão" ou "reorientação" que Ricoeur faz da hermenêutica a partir da solução que oferece para a superação dessa aporia.

2.1 A história da hermenêutica como história de uma aporia

Não vamos repetir aqui o que fizemos no item anterior, isto é, apresentar de maneira ampla e detalhada a descrição que Ricoeur faz do "estado do problema hermenêutico". Importa agora simplesmente destacar os termos em que esse problema é compreendido e formulado por ele, bem como sua ampliação e permanência na história da hermenêutica de Schleiermacher a Gadamer.

Ricoeur fala da história da hermenêutica como a história de um "problema não resolvido" ou de uma "aporia" que formula, a partir de Dilthey, em termos de uma "alternativa, a [seu] ver desastrosa, entre explicar e compreender" (p. 23) e, a partir de Gadamer, em termos de "antinomia" ou de "oposição entre distanciamento alienante e pertença"[20]. No fundo, está em jogo aqui o aspecto crítico ou epistemológico da hermenêutica. Uma questão ao mesmo tempo ineludível e insolúvel na história da hermenêutica, a ponto dessa história poder ser tomada em seu conjunto como a história de um "problema não resolvido" ou de uma "aporia".

Em seu esforço para "extrair um problema geral da atividade de interpretação" (p. 26), *Schleiermacher*, marcado tanto pela filosofia crítica quanto pela filosofia romântica (cf. p. 27), confrontou-se com o problema da "relação entre duas formas de interpretação" que marcam definitivamente sua obra e cuja significação "não cessa de deslocar-se no decurso dos anos". Trata-se da "interpretação gramatical" (centrada nos "caracteres do discurso que são comuns a uma cultura") e da "intepretação técnica" ou "psicológica" (dirigida "à singularidade, até mesmo à genialidade, da mensagem do escritor"). Se inicialmente essas duas interpretações possuíam "direitos iguais" em sua reflexão, em seus últimos escritos, "a segunda interpretação ganha um primado sobre a primeira e o caráter *advinhatório* da interpretação enfatiza seu caráter psicológico" (p. 28). Mas, na medida em que "a interpretação psicológica" não se limita a uma "afinidade com o autor", implicando "motivos críticos na atividade da compreensão" (comparação ou contraste), "complica-se, assim, a dificuldade de se demarcar as duas hermenêuticas pela superposição, ao primeiro par de opostos, o *gramatical* e o *técnico*, de um segundo par de opostos, a *adivinhação* e a *comparação*" (p. 28s.). Esse "extremo embaraço" teórico constitui-se como "primeiro esboço" da "aporia" (p. 29) que o fundador da hermenêutica moderna "legou à sua descendência nas notas de hermenêutica que jamais conseguiu transformar em obra acabada" (p. 27). E isso, diz Ricoeur, só será superado "se elucidarmos a relação da obra com a subjetividade do autor e se, na interpretação, deslocarmos a ênfase da busca patética

20 RICOEUR, P. "A função hermenêutica do distanciamento". In: *Hermenêutica e ideologias*. Petrópolis: Vozes, 2011, p. 51-69, aqui, p. 51.

das subjetividades subterrâneas em direção ao sentido e à referência da própria obra" (p. 29).

Dilthey, marcado pelo "historicismo" e pelo "positivismo enquanto filosofia" (cf. p. 29s.), "tentou dotar as ciências do espírito de uma metodologia e de uma epistemologia tão respeitáveis quanto as das ciências da natureza". Nesse esforço, estabelece uma "grande oposição" entre "*explicação* da natureza" e "*compreensão* da história". E essa oposição que atravessa toda sua obra tem enormes consequências para a hermenêutica que "se vê, assim, cortada de toda explicação naturalista e relegada do lado da intuição psicológica". A diferença entre "coisa natural" e "espírito" comanda "a diferença de estatuto entre explicar e compreender". E é do "lado da psicologia" que ele procura o "traço distintivo do compreender". É verdade que, embora pressupondo a capacidade primordial de "se transpor para a vida psíquica de outrem" (p. 31), a ciência do espírito só é possível porque a vida "se fixa em conjuntos estruturados suscetíveis de serem compreendidos por outrem" (p. 32). A hermenêutica aparece aqui como esforço de "compreensão das expressões da vida fixadas pela escrita" ou por "qualquer outro procedimento de inscrição equivalente à escrita" e, nesse sentido, aparece como "a camada objetivada da compreensão, graças às estruturas essenciais do texto" (p. 33). Mas, na medida em que o problema fundamental da hermenêutica continua sendo o "conhecimento de outrem" (p. 32), ainda que mediado pelas "expressões da vida fixadas na escrita" (p. 33), a hermenêutica aparece como uma ciência "fundada na psicologia" (p. 33) e, assim, condenada a "procurar fora do campo próprio da interpretação a fonte de toda objetivação" (p. 34). Desta forma, a obra de Dilthey "elucida ainda mais a aporia central de uma hermenêutica que situa a compreensão do texto sob a lei da compreensão de outrem que nele se exprime" (p. 35). E a solução dessa "aporia", continua insistindo Ricoeur, só será possível na medida em que se "renuncie a vincular o destino da hermenêutica à noção puramente psicológica de transferência numa vida psíquica estranha" e na medida em que se "desvende o texto não mais em direção a seu autor, mas em direção ao seu sentido imanente e a esse tipo de mundo que ele abre e descobre" (p. 36).

Heidegger, por sua vez, rompe com o enfoque epistemológico da hermenêutica tal como vinha sendo desenvolvido por Schleiermacher e Dilthey e tenta "cavar por debaixo do próprio empreendimento epistemológico, a fim de elucidar suas condições propriamente ontológicas" (p. 37). Com isso, provoca uma dupla "reviravolta" na problemática hermenêutica. Por um lado, ela já não aparece como uma "reflexão sobre as ciências do espírito", mas como uma "explicitação do solo ontológico sobre o qual essas ciências podem edificar-se" (p. 38). Por outro lado, a interpretação já não está mais ligada ao "problema de outrem", mas ao problema da "relação do ser com o mundo" (p. 39). E, assim, desloca o foco da "epistemologia à ontologia" (p. 36) e "despsicologiza" a compreensão (p. 39). Nesse contexto, o "círculo hermenêutico" já não diz respeito diretamente à relação entre "sujeito e objeto", mas à relação entre "compreensão" (epistemológica) e "pré-compreensão" (ontológica) (p. 41). A própria "linguagem" aparece em *Sein und Zeit* como uma "articulação segunda" (p. 42) em relação às "estruturas ontológicas que a precedem" (p. 43). E, mesmo na segunda fase de seu pensamento que "parte diretamente do poder de manifestação da linguagem", distingue o "dizer" (*redem*) que se refere à "constituição existencial" e o "falar" (*sprechen*) que diz respeito ao "aspecto mundano da linguagem", explicitando a "relação fundamental da palavra com a abertura ao mundo e ao outro" (p. 43). Mas, com isso, não eliminamos a aporia diltheyniana entre "compreender" e "explicar". Ela "foi simplesmente deslocada e, assim, agravada: não se encontra mais *na* epistemologia [...], mas situa-se *entre* a ontologia e a epistemologia". Com Heidegger, "não cessamos de praticar o movimento de volta aos fundamentos, mas tornamo-nos incapazes de proceder ao movimento de retorno que, da ontologia fundamental, conduziria à questão propriamente epistemológica do estatuto das ciências do espírito". E, para Ricoeur, a questão que permanece aqui é "como tomar consciência de uma questão crítica em geral, no contexto de uma hermenêutica fundamental" (p. 44).

Já o "problema central" de *Gadamer*, como bem indica o título de sua obra *Verdade e método*, é a "aporia" entre epistemologia e ontologia. Ele se propõe "reavivar o debate das ciências do espírito a partir da ontologia heideggeriana". Toda a obra está organizada a partir do "escândalo" provocado pelo "distanciamento alienante" que constitui a "pressuposição ontológica" das ciências do espírito (p. 45). A "metodologia dessas ciências" implica "certo distanciamento" que, por sua vez, "exprime a destruição da relação primordial de pertença, sem a qual não haveria relação com o histórico enquanto tal" (p. 45s.). E Gadamer se enfrenta com esse debate entre "distanciamento alienante e experiência de pertença" nas "três esferas" em que reparte a "experiência hermenêutica": "estética", "histórica" e "linguagem". Em todas elas está presente uma "única e mesma tese": a "experiência de pertença" precede e possibilita o "distanciamento alienante". Nesse sentido, sua filosofia não apenas exprime a "síntese dos dois movimentos" que determinam a história da hermenêutica, mas vai além Heidegger, na medida em que assinala o "esboço do movimento de retorno da ontologia em direção aos problemas epistemológicos". O título mesmo da obra já indica o confronto entre o "conceito heideggeriano de verdade" e o "conceito diltheyniano de método". A questão é até que ponto ela merece denominar-se "*Verdade* e *Método*" ou se não seria preferível intitulá-la "*Verdade* ou *Método*" (p. 46). É que sua compreensão da "pertença" parece dificultar ou até impedir assumir um momento de "distanciamento" no interior mesmo da "pertença". O problema aqui é "*como é possível introduzir qualquer instância crítica numa consciência de pertença expressamente definida pela recusa do distan-*

ciamento" (p. 48). E ele vai encontrar nos conceitos gadamerianos de "história dos efeitos", "fusão de horizontes" e "linguagem" uma "série de sugestões decisivas" que lhe permitirão assumir o "distanciamento" no interior da "experiência de pertença" e serão o "ponto de partida" de sua reflexão que vai encontrar na noção de "texto" o paradigma de toda interpretação (p. 49-50).

Em síntese, para Ricoeur, a "aporia" fundamental que caracteriza toda a história da hermenêutica moderna, de Schleiermacher a Gadamer, é o problema, ineludível, mas nunca resolvido, da relação compreensão-explicação e/ou pertença-distanciamento. No fundo, conforme indicamos no início deste ponto, está em jogo aqui o aspecto crítico ou epistemológico da hermenêutica. E Ricoeur volta a esse problema em várias ocasiões num diálogo crítico-criativo ou numa "relação de conflitividade produtiva"[21] com diversos autores e correntes de pensamento: seja mostrando a permanência e inevitabilidade desse problema na história da hermenêutica; seja tentando resolvê-lo através da noção de "texto" como paradigma de toda interpretação[22]. E é precisamente no enfrentamento e na solução desse problema que ele vai desenvolver seu aporte no debate sobre o estatuto teórico da hermenêutica, provocando uma "revisão" e uma "reorientação" da problemática hermenêutica. É o tema do próximo ponto.

2.2 Solução da aporia central da hermenêutica

Depois de descrever o "estado do problema hermenêutico", tal como o percebe na história da hermenêutica, Ricoeur passa a elaborar, sob esse "pano de fundo" e em diálogo crítico-criativo com

21 RICOEUR, P. *A crítica e a convicção*. Op. cit., p. 131.

22 Cf. RICOEUR, P. *O conflito das interpretações*. Porto: RÉS, s/d. • RICOEUR, P. *Teoria da interpretação*. Porto: Porto Ed., 1999. • RICOEUR, P. *O discurso da ação*. Lisboa: Ed. 70, p. 201. • RICOEUR, P. *Del texto a la acción*: Ensayos de hermenéutica II. Buenos Aires: Fondo de Cultura Económica, 2010. • RICOEUR, P. *Escritos e conferências 2*: Hermenêutica. São Paulo: Loyola, 2011.

ele e com as "ciências do texto", sua própria posição e/ou contribuição sobre o problema hermenêutico. Essa posição e/ou contribuição, que aparece em vários escritos e é desenvolvida em diferentes contextos e sob diferentes perspectivas, é apresentada de modo bastante sistemático e didático no texto intitulado *A função hermenêutica do distanciamento*[23]. Ela consiste precisamente na "recusa" e na "tentativa" de superação da "oposição" entre "explicação e compreensão" (Dilthey) ou entre "distanciamento e pertença" (Gadamer) que constitui a "aporia" fundamental da história da hermenêutica (p. 51). Trata-se, para ele, de uma oposição "desastrosa"[24] e "insustentável", cuja solução vai encontrar em e a partir da "problemática do texto", que "parece escapar, por natureza, à alternativa entre distanciamento alienante e participação por pertença" (p. 51). Ela permite reintroduzir uma "função positiva e produtora do distanciamento no cerne da historicidade da experiência humana". Por essa razão, o "texto" é, para Ricoeur, "muito mais que um caso particular de comunicação inter-humana: é o paradigma do distanciamento na comunicação". Ele "revela um caráter fundamental da própria historicidade da experiência humana" que é ser uma "comunicação na e pela distância" (p. 52).

A apresentação dessa "problemática do texto" será desenvolvida por ele em cinco pontos ou traços que constituem os "critérios da textualidade" (p. 52).

2.2.1 "A efetuação da linguagem como discurso"

O traço mais "primitivo" do "distanciamento", que atingirá seu ápice no "texto" e encontrará nele seu modelo ou paradigma, é o que

---

23 RICOEUR, P. "A função hermenêutica do distanciamento". In: *Hermenêutica e ideologias*. Petrópolis: Vozes, 2011, p. 51-69. A partir de agora, os números entre parêntesis, sem outra indicação, remetem a páginas desse texto.

24 RICOEUR, P. "A tarefa da hermenêutica". Op. cit., p. 23.

aparece na "efetuação da linguagem como discurso" e pode ser caracterizado em termos de "dialética do evento e do significado" (p. 53). Noutras palavras, o "distanciamento" produzido pelo "texto" pressupõe e está fundado no "distanciamento" produzido pelo "discurso".

A percepção e explicitação desse "distanciamento" fundamental produzido pelo "discurso" se dá num diálogo intenso com as ciências da linguagem. A distinção entre "língua" e "fala" (Ferdinand de Saussure), "esquema" e "uso" (Louis Hjelmslev), "língua" e "discurso" (Émile Benveniste) alargou os horizontes das ciências da linguagem e possibilitou a "passagem de uma linguística da língua ou do código a uma linguística do discurso ou da mensagem" (p. 53) que, por sua vez, permite apreender e explicitar a estrutura fundamental do discurso e o distanciamento que ele produz.

Todo "discurso" se efetiva como "dialética do evento e da significação" (p. 53). Essa "dialética" constitui sua estrutura fundamental. Enquanto *evento*, ele é "realizado temporalmente e no presente", "remete a seu locutor", "refere-se a um mundo que pretende descrever, exprimir ou representar" e tem "um interlocutor ao qual se dirige" (p. 54s.). Enquanto *significação*, ele tem uma "intencionalidade" ou um "noema" (p. 55), cuja identificação e explicitação são desenvolvidas a partir de Austin e Siarle e sua "teoria dos atos de fala" através dos vários níveis do discurso: "ato locucionário" (o *dizer* algo), "ato ilocucionário" (o que fazemos *ao dizer* algo) e "ato perlocucionário" (o que fazemos *pelo fato* de dizer algo). Através desses atos, a "intencionalidade" do discurso se "exterioriza" e pode ser "identificada e reidentificada". E é através dessa "exteriorização intencional" do *dizer* no *dito* que "o evento se ultrapassa na significação" (p. 56) e "torna possível a inscrição pela escrita" (p 57). Noutras palavras: Essa "exteriorização intencional" do "discurso" na "significação" é o que torna possível a "exteriorização do discurso na obra e nos escritos" (p. 58).

Essa "dialética do evento e do sentido" constitui o "núcleo de todo problema hermenêutico". Mas, "se todo discurso é efetuado como evento, todo discurso é compreendido como significação". De fato, "o que pretendemos compreender não é o evento, [...] que é fugidio, mas sua significação que permanece" (p. 55).

2.2.2 "O discurso como obra"

Se a primeira forma de "distanciamento", como vimos, é a que se dá na "exteriorização intencional" do "dizer no dito" (p. 55), uma segunda forma de "distanciamento" acontece quando o "discurso" se constitui como "obra" (p. 58). Falar do "discurso como obra", utilizando "categorias da produção e do trabalho", é "considerar a linguagem como um material a ser trabalhado e a ser formado" e tratar o "discurso" como "objeto de uma *práxis* e de uma *techné*". E, nesse sentido, "não há oposição radical entre o trabalho do espírito e o trabalho manual" (p. 58).

Ricoeur identifica e propõe "três traços distintivos da noção de obra". Antes de tudo, "uma obra é uma sequência mais longa que a da frase e que suscita um problema novo de compreensão relativo à totalidade finita e fechada constituída pela obra enquanto tal" (composição). Em segundo lugar, ela é "submetida a uma forma de codificação que se aplica à própria composição e faz com que o discurso seja um relato, um poema, um ensaio etc." (gênero literário). Por fim, "uma obra recebe uma configuração única que a assimila a um indivíduo" (estilo individual) (p. 58).

Esses "três traços distintivos da noção de obra" caracterizam o "discurso como obra". Ele impõe uma "forma" à matéria, submete a produção a "gêneros literários" e produz um "indivíduo" (p. 58). Desse modo, uma "obra literária" aparece como "resultado de um trabalho que organiza a linguagem" e, aqui, a "noção de significação" recebe uma "especificação nova" na medida em que é "transferida para a escala da obra individual". E na medida em que a "significação" se constitui como "obra", o problema da interpretação aparece como problema da "interpretação das obras" (p. 59).

Nesse contexto, os "traços do discurso", indicados no item anterior, adquirem novas determinações. "A noção de obra aparece como uma mediação prática entre a irracionalidade do evento e a racionalidade do sentido" (p. 59). Ela "acumula os dois caracteres do evento e do sentido" na medida em que "surge temporalmente como um indivíduo único" e na medida em que "sua inscrição no material da linguagem confere-lhe a aparência de uma ideia sensível, de um universal concreto" (p. 60). O "autor" aparece como "artesão em obra de linguagem". E, o que é mais importante, o "caráter estrutural de composição" que caracteriza o "discurso como obra" permite "estender ao próprio discurso os métodos estruturais", questionando radicalmente a oposição diltheyniana entre "explicar" e "compreender" e abrindo "uma nova época da hermenêutica" (p. 61).

Doravante, diz Ricoeur, "a explicação é o caminho obrigatório da compreensão". Certamente, a "explicação" não elimina a "compreensão" e "a hermenêutica permanece a arte de discernir o discurso na obra". Mas o discurso "se verifica nas estruturas da obra e por elas" (p. 61) e, por essa razão, a "interpretação" se constitui como "a réplica desse distanciamento fundamental constituído pela objetivação do homem em suas obras de discurso" (p. 61s.).

2.2.3 "A relação entre a fala e a escrita"

A passagem da "fala" à "escrita" confere uma nova determinação e um novo *status* ao "discurso". A "escrita" introduz e implica muito mais que um "fator puramente material e exterior" no discurso. Ela não pode ser reduzida à "fixação, que coloca o evento do discurso ao abrigo da destruição". Na verdade, diz Ricoeur, "a fixação não passa da aparência externa de um problema singularmente mais importante concernindo a todas as propriedades do discurso" (p. 62). Para além de um processo de mera "fixação" material do discurso, a "escrita" produz um processo de radical autonomização do texto em relação a seu "autor", em relação às "condições psicossociológicas" de sua produção e em relação a seus destinatários.

Antes de tudo, "a escrita torna o texto autônomo relativamente a seu autor", de modo que "o que o texto significa não coincide mais com aquilo que o autor quis dizer". Essa não identificação entre "significação verbal" ou "textual" e "significação mental" ou "psicológica" confere uma "significação positiva" ao "distanciamento" que Gadamer tratava como mera "degradação" e possibilita a emergência do que ele chama "a 'coisa' do texto" em relação ao "horizonte intencional finito de seu autor". Noutras palavras: "Graças à escrita, o 'mundo' do *texto* pode fazer explodir o mundo do *autor*" (p. 62).

O que vale da relação do texto com seu "autor", vale da relação do texto com as "condições psicossociológicas" de sua produção. É essencial a uma "obra" qualquer que ela "transcenda suas próprias condições psicossociológicas de produção e que se abra, assim, a uma sequência ilimitada de leituras, elas mesmas situadas em contextos socioculturais diferentes". Noutras palavras: "O texto deve poder [...] descontextualizar-se de maneira a deixar-se recontextualizar numa nova situação" (p. 62).

Por fim, essa autonomia em relação ao "autor" e em relação às "condições psicossociológicas" de produção "possui seu equivalente por parte daquele que recebe o texto" (p. 62), isto é, de seu destinatário. Diferentemente da "situação dialogal", diz Ricoeur, "o discurso escrito suscita para si um público que, virtualmente, se estende a todo aquele que sabe ler", o que significa uma "libertação da coisa escrita relativamente à condição dialogal do discurso". E, aqui, "a relação entre escrever e ler não é mais um caso particular da relação entre falar e ouvir" (p. 63).

A consequência hermenêutica fundamental de tudo isso é que o "distanciamento" não aparece mais como um "produto da metodologia" e, dessa forma, como "algo de acrescentado e de parasitário", mas como “constitutivo do fenômeno do texto como escrita” e, assim, como “condição da interpretação”. Ele “não é somente aquilo que a compreensão deve vencer, mas também aquilo que a condiciona”. Com isso, diz Ricoeur, “estamos em condições de descobrir, entre *objetivação* e *interpretação*, uma relação muito menos dicotômica e, por conseguinte, muito mais complementar do que a que havia sido instituída pela tradição romântica” (p. 63).

2.2.4 “O mundo do texto”

Uma primeira forma de “distanciamento” é a que se dá na “exteriorização intencional” do “dizer no dito” (linguagem como discurso). Uma segunda forma de “distanciamento” se dá quando o “discurso” se constitui como “obra” (discurso como obra). Mas há uma terceira forma de “distanciamento” que diz respeito a um aspecto fundamental do “discurso como obra” que é seu aspecto referencial (mundo do texto). No enfrentamento desse problema, Ricoeur se afasta tanto do “romantismo” com sua perspectiva “psicologizante” (apreender a alma do autor) quanto do “estruturalismo” com sua perspectiva reducionista (reconstituir a estrutura da obra). Escapa à “alternativa da genialidade ou da estrutura” através da “noção do ‘mundo do texto’” (p. 63s.).

Essa noção de “mundo do texto” prolonga a noção de “referência ou denotação do discurso”, indicada anteriormente. Recorrendo a Gottlob Frege, Ricoeur distingue em toda proposição um “sentido” (“objeto real que visa”, “puramente imanente ao discurso”) e uma “referência” (“valor de verdade”, “pretensão de atingir a realidade”). Isso permite distinguir e opor “língua” e “discurso”. Enquanto na *língua* “as palavras [se remetem apenas] a outras palavras na ronda infindável do dicionário”, o *discurso* “visa às coisas, aplica-se à realidade, exprime o mundo” (p. 64). O discurso tem um caráter referencial fundamental: refere-se ou remete sempre a algo.

A questão aqui é saber "o que ocorre com a referência quando o discurso se torna texto". No *discurso oral*, o problema se resolve na "função ostensiva do discurso", isto é, no seu "poder de mostrar uma realidade comum aos interlocutores" ou, em todo caso, ao menos "situá-la relativamente à única rede espaçotemporal à qual também pertencem os interlocutores" (p. 64). Mas a situação muda radicalmente com a *escrita*, uma vez que aqui já não há "situação comum ao escritor e ao leitor" e que "as condições concretas do ato de mostrar não existem mais". Sem dúvida, diz Ricoeur, "é essa abolição do caráter mostrativo ou ostensivo da referência que torna possível o fenômeno que denominamos 'literatura'" e que é levado às últimas consequências em certos gêneros literários como a "literatura de ficção" e a "poética", onde "toda referência à realidade dada pode ser abolida". No entanto, continua, "não há discurso de tal forma fictício que não vá ao encontro da realidade, embora em outro nível, mais fundamental do que aquele que atinge o discurso descritivo, constatativo, didático, que chamamos linguagem ordinária". Sua tese fundamental aqui consiste na afirmação de que "a abolição de uma referência de primeiro nível [...] é a condição de possibilidade para que seja liberada uma referência de segundo nível" (p. 65).

Essa "referência de segundo nível", diz ele, "atinge o mundo, não mais somente no plano dos objetos manipuláveis, mas no plano que Husserl designava com a expressão *Lebenswelt* e Heidegger pela expressão ser-no-mundo" (p. 65). Da noção heideggeriana de compreensão (*Verstehen*), referente à "estrutura do ser-no-mundo", ao "ser em situação" como "projeção dos possíveis mais adequados", Ricoeur toma aqui a "ideia de 'projeção dos possíveis mais próximos' para aplicá-la à teoria do texto". De modo que "o que deve ser interpretado, num texto, é uma *proposição de mundo*, de um mundo tal como posso habitá-lo para nele projetar um dos meus possíveis mais próximos". É o que ele chama "mundo do texto" (p. 66). E aqui está o "problema hermenêutico fundamental": "Interpretar é explicitar o tipo de ser-no-mundo manifestado diante do texto" (p. 65).

O "mundo do texto" constitui, assim, uma "nova espécie de distanciamento", introduzida pela "ficção" e pela "poética", na qual "a realidade cotidiana se metamorfoseia em favor daquilo que poderíamos chamar de variações imaginativas que a literatura opera sobre o real". A "referência", aqui, já não remete a um "ser-dado" (objetos no mundo), mas um "poder-ser" (mundo possível) (p. 66).

2.2.5 "Compreender-se diante do texto"

Uma "última dimensão da noção do texto" diz respeito à "subjetividade do leitor" que, por sua vez, prolonga o "caráter fundamental de todo discurso ser dirigido a alguém". Mas se no *diálogo* esse *vis-à-vis* do discurso é dado pela própria "situação", na *obra* ele é "criado, instaurado, instituído pela própria obra" que "se dá a seus leitores e cria, assim, para si, seu próprio *vis-à-vis* subjetivo" (p. 67).

Certamente, esse problema é bem conhecido na história da hermenêutica. "É o problema da apropriação (*Aneignung*) ou da aplicação (*Anwendung*) do texto à situação presente do leitor" (p. 67). Mas ele é profundamente transformado e adquire uma nova determinação no contexto da análise desenvolvida por Ricoeur.

Em primeiro lugar, "a apropriação está dialeticamente ligada ao distanciamento típico da escrita". É graças a esse "distanciamento pela escrita" que a "apropriação" não tem mais "caracteres de afinidade afetiva com a intenção do autor", mas, ao contrário "da contemporaneidade e da congenialidade", efetiva-se como "compreensão pela distância, compreensão a distância" (p. 67).

Em segundo lugar, "a apropriação está dialeticamente ligada à objetivação típica da obra" e "passa por todas as objetivações estruturais do texto". Já não responde ao "autor", mas ao "sentido" (p. 67).

Contrariamente "à tradição do *cogito* e à pretensão do sujeito de conhecer-se a si mesmo por intuição imediata", só nos compreendemos pelo "grande atalho dos sinais de humanidade depositados nas obras de cultura". O que parece "mais contrário à subjetividade" é o que permite sua compreensão (p. 68).

Em terceiro lugar, a "apropriação" possui por *vis-à-vis* aquilo que Gadamer chama de "a coisa do texto" e que Ricoeur chama "o mundo da obra". Aquilo de que o leitor se aproxima é uma "proposição de mundo". E isso "não se encontra *atrás* do texto, como uma espécie de intensão oculta, mas *diante* dele, como aquilo que a obra desvenda, descobre, revela". De modo que "compreender é *compreender-se diante do texto*". E, aqui, o "sujeito" já não é a "chave da compreensão", mas, ao contrário, "seria mais justo dizer que o *si* é constituído pela 'coisa' do texto" (p. 68).

Mas isso não é tudo. "Assim como o mundo do texto só é real na medida em que é fictício, da mesma forma devemos dizer que a subjetividade do leitor só advém a ela mesma na medida em que é colocada em suspenso, irrealizada, potencializada". A "ficção" é uma "dimensão fundamental" tanto do "texto" quanto da "subjetividade do leitor". O leitor só se encontra a si mesmo perdendo-se e sendo introduzido pela leitura nas "variações imagináveis do *ego*". E, assim, "a metamorfose do mundo, segundo o jogo, também é a metamorfose lúdica do *ego*" (p. 68).

Tudo isso exige uma "crítica interna" do conceito de "apropriação" na medida em que "permanece dirigido contra a *Verfremdung*" e na medida em que "a metamorfose do *ego* [...] implica um momento de distanciamento até na relação de si a si". E, aqui, a "compreensão" aparece "tanto como desapropriação quanto [como] apropriação" e, nesse contexto, "uma crítica das ilusões do sujeito, à maneira marxista ou freudiana, não só pode, mas deve ser incorporada à compreensão de si". A consequência hermenêutica fundamental disso tudo é que "não podemos mais opor hermenêutica e crítica das ideologias", uma vez que "a crítica das ideologias é o atalho que a compreensão de si deve necessariamente tomar, caso esta deixe-se formar pela coisa do texto e não pelos preconceitos do leitor". Com isso, Ricoeur transfere "para o cerne mesmo da compreensão de si a dialética da objetivação e da compreensão" que havia percebido e indicado "no nível do texto, de suas estruturas, de seu sentido e de sua referência" e mostra como "em todos os níveis da análise, o distanciamento é condição da compreensão" (p. 69).

Desta forma, Ricoeur parece resolver a "aporia" fundamental que caracteriza a história da hermenêutica moderna e que ele se propunha solucionar: a alternativa/oposição/dicotomia, que qualifica como "desastrosa"[25], "danosa"[26] e "insustentável" (p. 51), entre "compreensão e explicação", "pertença e distanciamento". Faz isso através da "noção do texto"[27] (p. 52), conduzindo a reflexão hermenêutica "até o ponto em que ela recorra, por uma aporia interna, a uma reorientação importante"[28] que permita articular coerentemente "compreensão e explicação", "pertença e distanciamento", mostrando como "a explicação é o caminho obrigatório da compreensão" (p. 61) e "o distanciamento é condição da compreensão" (p. 69). E com isso, diz Ricoeur, abra-se uma "nova época" (p. 61) na história da hermenêutica.

3 *Status quaestionis* do debate sobre hermenêutica

Esta retomada histórico-sistemática do debate hermenêutico a partir de Paul Ricoeur nos permite identificar *três etapas* fundamen-

25 Ibid., p. 23.

26 RICOEUR, P. "Crítica das ideologias". In: *Hermenêutica e ideologias*. Op. cit., p. 107-158, aqui p. 148.

27 RICOEUR, P. "A tarefa da hermenêutica". Op. cit., p. 23.

28 Ibid., p. 23.

tais na história da hermenêutica moderna e *dois pontos ou aspectos* que constituem o paradoxo fundamental do problema hermenêutico ou aquilo que Ricoeur denomina "arco hermenêutico".

Como vimos na primeira parte do estudo, para Ricoeur, a história recente da hermenêutica está dominada por duas preocupações fundamentais: a passagem "das hermenêuticas regionais à hermenêutica geral" (Schleiermacher e Dilthey) e a passagem "da epistemologia à ontologia" (Heidegger e Gadamer). Essas duas preocupações caracterizam respectivamente as duas primeiras fases da história da hermenêutica. E, como vimos na segunda parte do estudo, é em diálogo crítico-criativo com essa história que Ricoeur vai desenvolver sua compreensão do problema hermenêutico e, com isso, abrir/inaugurar uma nova fase na história da hermenêutica. Essa nova fase está marcada ou dominada por uma preocupação fundamental que, em comparação e/ou oposição a Heidegger e a Gadamer, pode ser caracterizada, com expressões do próprio Ricoeur, como uma espécie de "retorno que, da ontologia fundamental, conduziria à questão propriamente epistemológica"[29], isto é, um "movimento de retorno da ontologia em direção aos problemas epistemológicos"[30]. No fundo, está em jogo aqui a problemática de "uma questão crítica em geral, no contexto de uma hermenêutica fundamental"[31] ou de uma "instância crítica numa consciência de pertença"[32]. E, assim, podemos identificar a partir de Ricoeur três fases na história da hermenêutica moderna: uma *fase epistemológica* (Schleiermacher e Dilthey), uma *fase ontológica* (Heidegger e Gadamer) e uma *fase ontológico-epistemológica* (Ricoeur).

Toda essa história é marcada por uma tensão fundamental que constitui um verdadeiro paradoxo, cujos pontos ou aspectos

---

29 Ibid., p. 44.

30 Ibid., p. 46.

31 Ibid., p. 44.

32 Ibid., p. 48s.

ou dimensões podem ser formulados em termos de "epistemologia" e "ontologia"[33] e cuja tensão aparece no debate hermenêutico em termos de "explicação-compreensão" (Dilthey) e/ou "distanciamento-pertença" (Gadamer). Segundo Ricoeur, o que estamos chamando tensão ou paradoxo do problema hermenêutico é formulado nas duas primeiras fases da história da hermenêutica de modo *dualista*[34], isto é, como "alternativa", "oposição" ou "dicotomia" que ele qualifica como "desastrosa"[35], "danosa"[36] e "insustentável" (p. 51) por se constituir como uma verdadeira "aporia"[37]. E seu aporte, que caracteriza a terceira fase da história da hermenêutica, consiste na formulação dessa tensão ou desse paradoxo de modo *dialético*[38], isto é, numa "relação muito menos dicotômica e, por conseguinte, muito mais complementar do que a que havia sido instituída pela tradição romântica" (p. 63) que, de alguma maneira, marca toda a história da hermenêutica de Schleiermacher a Gadamer. A posição de Ricoeur, como indica na introdução de seu estudo sobre *A função hermenêutica do distanciamento*, "procede de uma recusa dessa alternativa [explicação X compreensão, distanciamento X pertença] e de uma tentativa de ultrapassá-la" (p. 52) e, nesse sentido, marca uma "nova época" (p. 61) ou uma nova fase na história da hermenêutica.

Essa posição "dialética" ou "complementar" entre os dois pontos ou aspectos ou dimensões do problema hermenêutico foi desenvolvida a partir da "noção de texto", num diálogo crítico-criativo com a história da hermenêutica e com as ciências do texto. A "noção de texto", diz Ricoeur, "parece escapar, por natureza, à alternativa entre

33 RICOEUR, P. "Explicar y comprender". In: *Del texto a la acción*. Op. cit., p. 149-168, aqui p. 149.

34 Ibid.

35 RICOEUR, P. "A tarefa da hermenêutica". Op. cit., p. 23.

36 RICOEUR, P. "Crítica das ideologias". Op. cit., p, 148.

37 RICOEUR, P. "A tarefa da hermenêutica". Op. cit., p. 23.

38 Cf. RICOEUR, P. "Explicar y comprender". Op. cit., p. 150.

distanciamento alienante e participação por pertença" e, mesmo, reintroduzir "uma noção positiva e [...] produtora do distanciamento" (p. 51s.), conduzindo a reflexão hermenêutica "até o ponto em que ela recorra, por uma aporia interna, a uma reorientação importante"[39]. Isso leva a uma compreensão e formulação do problema hermenêutico não mais em termos de *oposição dualista*, mas em termos de *complementariedade dialética* entre "explicação e compreensão" e/ou "distanciamento e pertença". Doravante, "a explicação é o caminho obrigatório da compreensão" (p. 61) e "o distanciamento é condição da compreensão" (p. 69).

Convém advertir e insistir que a "noção de texto" de que fala Ricoeur não se restringe à escrita ou à obra literária. Por mais que a "teoria do texto" ofereça um "ponto de partida" privilegiado para uma "revisão radical do problema epistemológico", na medida em que "a semiologia não nos permite dizer que os procedimentos explicativos são estranhos ao domínio do signo e importados do campo vizinho das ciências naturais", ela não é mais que "um dos lugares onde se pode ilustrar o presente debate"[40]. O próprio Ricoeur mostra como esse problema aparece tanto na "teoria do texto" como na "teoria da ação" e na "teoria da história"[41]. Muito mais do que "um caso particular de comunicação inter-humana", o "texto" é, para ele, o "paradigma do distanciamento na comunicação" na medida em que é "testemunha da função positiva e produtora do distanciamento no cerne da historicidade da experiência humana" e, assim, revela "um caráter fundamental da própria historicidade da experiência humana" que consiste em ser uma "comunicação na e pela distância" (p. 52).

---

39 RICOEUR, P. "A tarefa da hermenêutica". Op. cit., p. 23.

40 RICOEUR, P. "Explicar y comprender". Op. cit., p. 151s., 156.

41 Ibid., 151-168. • RICOEUR, P. "El modelo del texto: La acción significativa considerada como un texto". In: *Del texto a la acción*. Op. cit., p. 169-195. • RICOEUR, P. *O discurso da ação*. Op. cit. • RICOEUR, P. "Hermenêutica e simbolismo". In: *Escritos e conferências 2*. Op. cit., p. 15-26, aqui 24-26.

Toda essa reviravolta provocada pela "noção do texto" leva a uma compreensão da hermenêutica como "teoria das operações da compreensão em sua relação com a interpretação dos textos"[42]. Ricoeur utiliza muitas vezes a expressão "arco hermenêutico"[43], no intuito de "integrar as atitudes opostas da explicação e da compreensão [da distância e da pertença] numa concepção global da leitura como recuperação do sentido"[44]. Seu intento, vale insistir, consiste em mostrar, a partir da "noção do texto", como não há oposição, mas mútua implicação e complementaridade entre "explicação e compreensão"[45] ou entre "distanciamento e pertença"[46].

42 RICOEUR, P. "A tarefa da hermenêutica". Op. cit., p. 23.

43 Cf. RICOEUR, P. "Que es un texto? In: *Del texto a la acción*. Op. cit., p. 127-147, aqui p. 144, 147. • RICOEUR, P. "Explicar y comprender". Op. cit., p. 154. • RICOEUR, P. "El modelo del texto: La acción significativa considerada como un texto". Op. cit., p. 192. • RICOEUR, P. "Hermenêutica e simbolismo". Op. cit., p. 24.

44 RICOEUR, P. "Que es un texto? Op. cit., p. 144, 147.

45 Cf. RICOEUR, P. "Explicar y comprender". Op. cit. • RICOEUR, P. "Que es un texto?" Op. cit.

46 Cf. RICOEUR, P. "A função hermenêutica do distanciamento". Op. cit. • RICOEUR, P. "Crítica das ideologias". Op. cit.

II

Aproximação crítico-sistemática a partir de Xavier Zubiri

No capítulo anterior retomamos, a partir de Paul Ricoeur, numa perspectiva histórico-sistemática, o debate sobre hermenêutica na filosofia contemporânea. Procuramos apresentar, sempre a partir de Ricoeur, as posições dos principais representantes dessa corrente filosófica, os termos em que essas posições foram elaboradas, o debate entre elas e, por fim, o *status quaestionis* desse debate. Foi um esforço analítico-sistemático de compreensão e apresentação da problemática hermenêutica a partir de seus principais representantes e do debate entre eles.

Tendo presente o desenvolvimento histórico e o *status quaestionis* do debate sobre hermenêutica na filosofia, queremos agora, neste segundo capítulo, a partir de Xavier Zubiri, fazer uma discussão crítico-sistemática sobre o estatuto teórico da hermenêutica no contexto mais amplo do debate sobre a intelecção humana. A questão teórica fundamental que está em jogo aqui é se a intelecção pode ser identificada sem mais com hermenêutica. Noutras palavras, trata-se de saber se intelecção é sinônimo de hermenêutica ou se a intelecção não é um processo muito mais amplo e complexo, do qual a hermenêutica constitui um de seus momentos fundamentais: um momento *fundamental*, mas apenas *um momento*.

Para isto, faremos com Xavier Zubiri uma abordagem da problemática da intelecção humana e discutiremos, a partir desta abordagem, o estatuto teórico da hermenêutica, compreendendo-a como um momento fundamental do processo mais amplo de intelecção humana que se constitui, por sua vez, como momento fundamental da ação ou práxis humana. Dessa forma, ofereceremos um quadro teórico do debate sobre hermenêutica na filosofia que será fundamental para o debate na segunda parte deste trabalho sobre o estatuto teórico da relação teologia-hermenêutica.

1 A problemática da intelecção humana

A problemática da intelecção humana é sem dúvida nenhuma uma das questões mais centrais e mais complexas do saber humano em geral e do saber filosófico em particular. O que seja a intelecção, qual a sua estrutura e o seu dinamismo, quais as suas possibilidades e os seus limites, quais as suas modalidades etc. são questões com as quais a filosofia vem se enfrentando ao longo da história e para as quais tem oferecido respostas as mais diversas. Nem de longe temos aqui a pretensão de uma abordagem minimamente abrangente da problemática. Isso excederia enormemente os limites e as pretensões deste trabalho e as nossas próprias possibilidades.

Nossa pretensão aqui é muito mais modesta, pelo menos no sentido de que não se propõe fazer uma abordagem histórico-sistemática dessa problemática, indicando as diversas posições e o debate entre elas ao longo da história da filosofia, mas abordá-la a partir do filósofo espanhol Xavier Zubiri[47].

---

47 Cf. GRACIA, D. *Voluntad de verdad*: Para leer a Zubiri. Madri: Triacastella, 2007. • PINTOR-RAMOS, A. *Realidad y verdad*: Las bases de la filosofía de Zubiri. Salamanca: Universidad Pontificia, 1994. • PINTOR-RAMOS, A. *Zubiri*: 1898-1983. Madri: Ed. del Orto, 1996. • FERRAZ FAYOS, A. *Zubiri*: El realismo radical. Madri: Pedagógicas, 1995. • TIRADO SAN JUAN, V. *Intencionalidad, actualidad y esencia*: Husserl y Zubiri.

Certamente, a posição de Zubiri está formulada e desenvolvida e só pode ser compreendida no contexto mais amplo do debate dessa problemática na filosofia. A história da filosofia é um momento constitutivo e fundamental do filosofar. E isso que vale para qualquer filósofo, vale de modo particular para Zubiri. Mas uma coisa é fazer história da filosofia, apresentando da maneira mais completa e rigorosa possível o pensamento dos filósofos. Outra coisa bem distinta é desenvolver uma teoria em diálogo crítico-criativo com a história da filosofia. No primeiro caso, a preocupação fundamental é a apresentação do pensamento dos filósofos e não a elaboração de uma teoria filosófica. No segundo caso, ao contrário, a preocupação fundamental é a elaboração de um pensamento próprio, recorrendo a outros filósofos apenas e na medida em que, por contraste ou contraposição, não raras vezes um tanto caricaturesco, ajuda a elaborar e explicitar sua própria posição. É o caso de Zubiri.

De modo que o diálogo com a história da filosofia se dará aqui indiretamente no contexto da elaboração e do desenvolvimento do pensamento de Zubiri acerca da problemática da intelecção humana. Essa é uma questão central no seu pensamento; uma questão com a qual ele se confrontou ao longo de toda sua atividade filosófica e que culmina com sua monumental trilogia sobre a "inteligência sentiente": *inteligência e realidade, inteligência e logos, inteligência e razão*[48].

Com esta obra, diz Ignacio Ellacuría, seu discípulo e colaborador mais importante, Zubiri "pretendeu e logrou um tratamento sistemático e total" sobre a problemática da intelecção humana[49]. Nas

Salamanca: Universidad Pontificia, 2002. • ELLACURÍA, I. "Apresentación a la obra completa de Zubiri". In: *Escritos Filosóficos III*. São Salvador: UCA, 2001, p. 365-394.

48 Cf. ZUBIRI, X. *Inteligência sentiente*: Inteligencia y realidad. Madri: Alianza, 2006. • ZUBIRI, X. *Inteligencia y logos*. Madri: Alianza, 2002. • ZUBIRI, X. *Inteligencia y razón*. Madri: Alianza, 2001.

49 ELLACURÍA, I. "La nueva obra de Zubiri: Inteligencia sentiente". In: *Escritos Filosóficos III*. Op. cit., p. 297-317, aqui p. 308.

palavras do próprio Zubiri: "Este livro constitui cronologicamente o último elo das preocupações sobre esse tema em minha vida intelectual desde muito cedo, desde que eu tinha 19 anos, quando começava minhas teses doutorais em Lovaina e Madri"[50].

Isso justifica nossa opção por tratar a problemática da intelecção humana em Zubiri a partir da trilogia *Inteligência sentiente*. Temos aqui não apenas o *último escrito*, mas, sobretudo, a *última elaboração teórica* de Zubiri sobre o tema. De modo que os escritos anteriores devem ser lidos sempre a partir de e em referência a esta obra que é simultaneamente seu *último escrito* (cronológico) e sua *última elaboração* (teórica) sobre a intelecção humana[51]. Não vamos fazer um estudo amplo e exaustivo nem sequer faremos um resumo ou uma apresentação mais completa e minuciosa da obra[52]. Aqui, não faremos, senão, esboçar as linhas fundamentais de sua compreensão sobre a intelecção humana: sua estrutura intrínseca, sua índole formal e suas modalidades. Isso permitirá e favorecerá uma discussão sobre o estatuto teórico da hermenêutica no contexto mais amplo da intelecção humana.

---

50 ZUBIRI, X. "Presentación de Inteligencia Sentiente". In: *Escritos Menores (1953-1983)*. Madri: Aliança Editorial, p. 289-308, aqui p. 294.

51 A tendência, entre os estudiosos de Zubiri, é ler toda sua obra, e não apenas os escritos anteriores sobre a intelecção humana, a partir da trilogia "inteligência sentiente" (cf. GRACIA, D. *Voluntad de verdad*: Para leer Zubiri. Op. cit., p. II-VI. • PINTOR-RAMOS, A. *Nudos de la filosofía de Zubiri*. Salamanca: Universidad Pontifícia, 2006, p. 12).

52 Cf. GRACIA, D. *Voluntad de verdad*: Para leer Zubiri. Op. cit., p. 127-168. • PINTOR-RAMOS, A. *Realidad y verdad*: Las bases de la filosofía de Zubiri. Op. cit. • PINTOR-RAMOS, A. *Zubiri*: 1898-1983. Op. cit., p. 26-40. • FERRAZ FAYOS, A. *Zubiri*: El realismo radical. Op. cit., p. 25-113. • TIRADO SAN JUAN, V. *Intencionalidad, actualidad y esencia*: Husserl y Zubiri. Op. cit., p. 159-302. • ELLACURÍA, I. "La nueva obra de Zubiri: Inteligencia sentiente". Op. cit. • ELLACURÍA, I. "La obra de Xavier Zubiri sobre la inteligencia humana". Op. cit., p. 333-342.

1.1 Estrutura intrínseca da intelecção humana

Zubiri começa sua análise da intelecção humana com uma constatação e uma afirmação um tanto bruscas e chocantes: "Desde suas origens, a filosofia começou opondo o que chamamos inteligir e o que chamamos sentir" e, por estranho que pareça, "não se fez questão do que seja formalmente o inteligir" nem o "sentir". Na prática, "limitou-se a estudar os diversos atos intelectivos, mas não nos disse o que seja o inteligir". Da mesma forma, "foram estudados os diversos sentires segundo os diversos 'sentidos' que o homem possui. Mas se se pergunta em que consiste a índole formal do sentir, [constatamos que] no fundo a questão sequer foi formulada"[53].

Essa oposição não justificada entre inteligir e sentir[54] acabou levando a filosofia ocidental a dois grandes equívocos que resultaram no abandono do ato de intelecção ou em função de algo que supostamente o produzia (faculdade) ou em função de um momento do próprio ato (dar-se conta). Por um lado, "a filosofia grega e medieval entendeu o inteligir e o sentir como atos de duas *faculdades* essencialmente distintas. A contraposição de inteligir e sentir seria a contraposição de duas faculdades"[55]. Seja ou não verdade, o problema, diz Zubiri, é que "uma faculdade se descobre nos seus atos". Só se pode falar de uma faculdade inteligente a partir de um ato intelectivo. De modo que "toda metafísica da inteligência pressupõe uma análise da intelecção"[56]. Por outro lado, para a filosofia moderna, "tanto o inteligir quanto o sentir são maneiras distintas de dar-se conta das coisas. Inteligir e sentir seriam dois modos de dar-se conta, ou seja, dois *modos de consciência*"[57]. Com isso, identifica-se o ato

53 ZUBIRI, X. *Inteligência sentiente*: Inteligencia y realidad. Op. cit., p. 24s.

54 Cf. ibid., p. 25.

55 Ibid., p. 19.

56 Ibid., p. 20.

57 Ibid., p. 20s.

de intelecção com um ato de consciência: a consciência seria "algo que executa atos" e o ato de intelecção seria formalmente um ato de "dar-se conta". O problema, diz Zubiri, é que isso não corresponde aos fatos. Primeiro, porque "a consciência não tem nenhuma substantividade e, portanto, não é algo que possa executar atos"[58]. Segundo, porque a intelecção não é, sem mais, um mero "dar-se conta". O próprio "dar-se conta é sempre dar-se conta 'de' algo que está presente à consciência. E este estar presente não está determinado pelo dar-se conta. A coisa não está presente porque me dou conta, mas dou-me conta porque já está presente"[59]. De modo que, se a filosofia grega e medieval "deslizou do ato à faculdade", a filosofia moderna deslizou "dentro do ato mesmo de intelecção" a um momento do ato: "dentro do ato de intelecção, a filosofia moderna resvalou sobre o estar presente e atendeu apenas ao dar-se conta"[60].

Zubiri, por sua vez, quer analisar o ato de intelecção enquanto ato em e por si mesmo. Não como resultado de uma suposta "faculdade" que, em todo caso, só se descobre no ato; nem reduzido a um de seus momentos, como é o "dar-se conta"; mas em e por si mesmo e na totalidade de seus momentos: "A intelecção é certamente um dar-se conta, mas um dar-se conta de algo que já está presente. A intelecção consiste na unidade indivisa desses dois momentos". E esta unidade consiste, precisamente, no "estar" simultâneo do "algo" e do "dar-me conta" na intelecção: "Na intelecção 'está' presente algo do qual 'estou' me dando conta"[61]. Ela é, portanto, um "ato de apreensão" ou um "ato de captação": "o ato de que estou me dando conta de algo que me está presente"; "uma captação na qual estou me dando conta do que está captado"; "um ato em que foi apreendido o que

58 Ibid., p. 21.

59 Ibid., p. 21s.

60 Ibid., p. 22.

61 Ibid.

me está presente precisa e formalmente porque me está presente". Inteligir algo é, portanto, "apreender esse algo intelectivamente"[62].

Importa, pois, analisar este ato de apreensão intelectiva no que tem de apreensão, no que tem de intelectivo e em sua unidade radical de apreensão intelectiva. Como a apreensão caracteriza tanto o sentir quanto o inteligir e, frequentemente, dá-se sob o mesmo objeto (sentir e inteligir o calor, o frio etc.), pode ser útil, didaticamente, começar analisando o caráter sensível da apreensão (comum ao homem e ao animal[63]) para, por contraste, explicitar melhor seu caráter intelectivo.

1.1.1 Apreensão sensível

A apreensão sensível é um momento do processo *sentiente* e, como tal, deve ser compreendida. "Sentir", diz Zubiri, é "um processo". E um processo constituído por três momentos essenciais: *suscitação, modificação tônica* e *resposta.* 1) "O processo *sentiente* está suscitado por algo de caráter, às vezes, exógeno, às vezes, endógeno"[64]: alguém, tiro, música, fome/sede, lembrança etc. É o momento da *suscitação.* O próprio da suscitação é desencadear uma ação. 2) "Esta suscitação recai sobre o estado [ou tom vital] em que o animal [ou homem] se encontra"[65] e o modifica: estava tranquilo e ficou tenso, estava triste e ficou alegre etc. É o momento da *modificação tônica.* 3) E "à modificação tônica assim suscitada, responde o

---

62 Ibid., p. 23.

63 Sobre a problemática da apreensão animal, cf. ZUBIRI, X. "Dos sesiones del Seminario Xavier Zubiri". In: *Escritos Menores (1953-1983).* Op. cit., p. 337-377, aqui p. 347s. • PINTOR-RAMOS, A. *Realidad y verdad*: Las bases de la filosofía de Zubiri. Op. cit., p. 81. • PINTOR-RAMOS, A. *Zubiri*: 1898-1983. Madri: Ed. del Orto, 1996, p. 31. • GONZÁLEZ, A. *Un solo mundo*: La relevancia de Zubiri para la teoría social. Madri: Bubok, 1998, p. 151s.

64 ZUBIRI, X. *Inteligência sentiente*: Inteligencia y realidad. Op. cit., p. 28.

65 Ibid., p. 29.

animal"[66]: fugir, atacar, chorar, sorrir, gritar, não fazer nada etc. É o momento de *resposta*. Trata-se, aqui, de um processo e um processo "estritamente unitário". Os três momentos (suscitação, modificação tônica e resposta) são momentos de um processo (processo *sentiente*) e, enquanto tais, constituem uma "unidade intrínseca e radical", uma "unidade indissolúvel"[67].

Como "a unidade processual do sentir está determinada pela estrutura formal da suscitação", ou seja, pela "apreensão do suscitante", diz Zubiri, "resulta que a apreensão mesma do que suscita deve se chamar estritamente apreensão sensível"[68]. Importa, aqui, identificar a estrutura formal dessa apreensão sensível.

"A apreensão sensível consiste formalmente em ser apreensão impressiva. Aqui está o formalmente constitutivo do sentir: *impressão*"[69]. Sentir é um ato de apreensão impressiva. E essa impressão tem uma estrutura bem determinada que está constituída por três momentos: *afecção*, *alteridade* e *força de imposição*. 1) Pelo momento de *afecção*, o *sentiente* é afetado pelo sentido (cor, som, temperatura interna etc.), ou seja, "padece" a impressão. 2) "Esta afecção tem o caráter essencial e constitutivo de fazer presente aquilo que impressiona [...] Impressão é apresentação de algo outro em afecção"[70]. É o momento de *alteridade*. Por este momento, aquilo que impressiona se faz presente como "outro enquanto outro" com um "conteúdo" próprio (cor, dureza, temperatura etc.) e com um "modo" próprio (independência); "o conteúdo de uma nota 'fica' (*queda*) e, enquanto 'fica', é independente do *sentiente*, em cuja impressão 'fica'"; o conteúdo é apreendido como algo "autônomo" em respectividade à

66 Ibid.

67 Ibid., p. 30.

68 Ibid., p. 31.

69 Ibid.

70 Ibid., p. 32.

própria apreensão: "A cor e o som têm uma autonomia própria na afecção visual e auditiva"[71]. 3) Por essa alteridade, aquilo que afeta impõe-se ao *sentiente*. Impõe-se por sua alteridade, por sua irredutibilidade. É o momento de *força de imposição*. Zubiri põe, aqui, como exemplo, o dito popular: "gato escaldado tem medo de água fria", ou seja, "a água sentida em impressão 'impõe-se' ao animal".

1.1.2 Apreensão intelectiva

Conforme vimos no item anterior, enquanto *impressão*, a apreensão sensível consiste na unidade intrínseca dos três momentos: *afecção*, *alteridade* e *força de imposição*. Pelo *momento de alteridade*, o que impressiona é apreendido como algo que, na própria apreensão, aparece como outro, como irredutível à apreensão. E esse outro tem um *conteúdo próprio* (essa cor, esse peso, esse som etc.) e uma *formalidade* ou um modo de "ficar" na impressão (independência/autonomia).

Quando essa formalidade é tal que o conteúdo é apreendido como algo "*de suyo*" (o calor é quente) e não em função do ato (o calor esquenta), isto é, como algo que pertence "*en propio*" ao apreendido, dá-se o que Zubiri chama *apreensão de realidade*. Trata-se, evidentemente, de apreensão e, portanto, de impressão; mas de apreensão segundo a "formalidade de realidade".

Por "realidade" não se entende, aqui, uma zona de coisas (*extra animam*), mas a forma como as coisas (*extra* ou *intra animam*) "fi-

---

71 Ibid., p. 35. Claro que "tanto o conteúdo quanto a formalidade dependem, em boa medida, da índole do animal", uma vez que a apreensão do conteúdo "depende do sistema de receptores que o animal possui" (uma talpa não tem impressão cromática) e o modo de "ficar" depende da *habitud* do animal, isto é, "do modo do *sentiente* haver-se em seu sentir" (ibid. p. 35s.). Em sua intrínseca unidade de conteúdo e forma, diz Zubiri, "a alteridade admite graus que se manifestam, sobretudo, no grau de formalização. Quanto maior a formalização, maior a independência do conteúdo" (ibid., p. 39).

cam" na apreensão: como algo "*de suyo*", "*en propio*", isto é, "algo em virtude do qual o conteúdo é o que é anteriormente à sua própria apreensão"[72], mas na própria apreensão: "o calor esquenta porque 'já' é quente"[73]. Não é quente porque esquenta, mas, pelo contrário, esquenta porque, "*de suyo*", é quente. De modo que "realidade" não se oporia, aqui, à fantasia ou irrealidade, mas a uma suposta (!?) formalidade, segundo a qual as coisas "ficariam" apreendidas, não como "*de suyo*" (o calor é quente), mas como "meros estímulos" de resposta (o calor esquenta). É o que Zubiri chama "formalidade de estimulidade"[74] em contraposição ou contraste ao que ele chama "formalidade de realidade".

Esse ato de "apreensão de realidade" é o que Zubiri chama ato de inteligir ou ato de apreensão intelectiva: "Inteligir consiste formalmente em apreender algo como real". Trata-se de um "*ato exclusivo* da inteligência", seu "*ato elementar*", seu "ato radical"[75]. Só há intelecção, portanto, quando o apreendido é apreendido na formalidade de "realidade", isto é, como algo "*en propio*" ou "*de suyo*".

1.1.3 "Inteligência *sentiente*"

Enquanto ato apreensivo ou impressivo, a intelecção humana é *sentiente*. Enquanto ato de apreensão ou impressão de realidade, é *intelectiva*. Importa agora explicitar a unidade radical desses momentos do ato de apreensão ou impressão de realidade: "No homem, sentir e inteligir não são dois atos [...], mas dois momentos de um único ato", o ato "impressão de realidade"[76].

72 Ibid., p. 58.

73 Ibid., p. 62.

74 Sobre o caráter hipotético e a função contrastante da "apreensão de estimulidade", cf. nota 61.

75 Ibid., p. 77.

76 Ibid., p. 81.

Esse ato de impressão de realidade pode ser descrito de duas maneiras: partindo da impressão mesma ou partindo do momento de realidade. No primeiro caso, "o momento de realidade está 'na' impressão", ou seja, "a intelecção está estruturalmente 'no' sentir". A impressão de realidade é descrita aqui como um "sentir intelectivo"[77]. No segundo caso, "o momento de impressão está estruturalmente 'no' momento de realidade", isto é, "o sentir está 'no' inteligir". A impressão de realidade é descrita aqui como "intelecção sentiente"[78].

Não se trata simplesmente de inteligir coisas sensíveis. Isso seria o que Zubiri chama "inteligência sensível". Trata-se de algo muito mais radical: o sentir mesmo é intelectivo ou comporta um momento inteligente e a intelecção mesma é *sentiente* ou comporta um momento *sentiente*. "Os sentidos não dão o sentido 'à' inteligência, mas estão sentindo intelectivamente. Não há objeto dado 'à' inteligência, mas objeto dado 'na' inteligência mesma. O sentir é em si mesmo um modo de inteligir e o inteligir é em si mesmo um modo de sentir"[79]. É isso precisamente o que Zubiri chama "inteligência *sentiente*". Trata-se de um modo de inteligir no qual "o inteligir mesmo não é senão um momento da impressão: o momento da formalidade de sua alteridade"[80], o momento segundo o qual a coisa está apreendida impressivamente como algo "*en propio*" ou "*de suyo*", como algo que, na apreensão, remete a si mesmo.

Isso não significa nem implica identificação do sentir com o inteligir nem negação da função *conceituante* (de conceituar) da

77 Ibid., p. 82.

78 Ibid., p. 83. "Ambas as fórmulas [sentir intelectivo e intelecção *sentiente*] são idênticas [...]. Mas para contrapor melhor à ideia usual de inteligência, prefiro falar de inteligência *sentiente*, compreendendo nessa dominação tanto o sentir intelectivo quanto o inteligir sentiente" (ibid.).

79 Ibid., p. 84. "Daí por que a sensibilidade não seja uma espécie de resíduo 'hylético' da consciência, como disse Husserl, nem um *factum brutum*, como a chamam Heidegger e Sartre, mas um momento intrínseco e formal da intelecção mesma" (ibid., p. 85).

80 Ibid., p. 84.

intelecção humana. Primeiro, porque se todo inteligir de alguma forma é *sentiente*, não todo sentir é inteligente. Só é inteligente ou intelectivo o sentir que apreende (impressivamente) a coisa na formalidade de realidade. Segundo, porque seria um absurdo negar a função *conceituante* da intelecção humana. A única coisa que se diz aqui é que isso não é a função primária e radical do inteligir, pois "a intelecção é primária e radicalmente apreensão *sentiente* do real como real. Conceituar é apenas um desdobramento intelectivo [todo necessário e complexo que se queira] da impressão de realidade e, portanto, não se trata de não conceituar, mas de que os conceitos sejam primariamente adequados, não às coisas dadas pelos sentidos 'à' inteligência, mas aos modos de sentir intelectivamente o real dado 'na' inteligência"[81]. Certamente, a intelecção predica e conceitua, mas predica e conceitua algo que de alguma forma já está inteligido, supondo, portanto, um modo mais primário de intelecção. Voltaremos ao tema ao tratarmos dos modos de intelecção.

Importa aqui, em todo caso, insistir no fato de que falar da estrutura da intelecção humana enquanto apreensão ou impressão de realidade não é senão falar de seus momentos *sentiente* (apreensão impressiva) e inteligente (formalidade de realidade) em sua unidade estrutural e radical de "sentir inteligente" ou de "inteligência *sentiente*". Nas palavras de Zubiri: "A estrutura da impressão de realidade não é senão a estrutura da inteligência *sentiente*"[82].

1.2 *Índole formal da intelecção humana*

No item anterior nos confrontamos com a problemática da estrutura da intelecção humana enquanto ato: um ato de apreensão no qual "a coisa inteligida está presente na inteligência". É um ato de

81 Ibid., p. 87.

82 Ibid., p. 99.

apreensão duplamente caracterizado. Por um lado, trata-se de uma apreensão *sentiente*, na qual as coisas são apreendidas impressivamente (afecção, alteridade, força de imposição). Por outro lado, trata-se de uma apreensão intelectiva ou inteligente, na qual as coisas impressivamente apreendidas estão apreendidas formalmente como "realidade", isto é, como algo que na própria intelecção remete a si mesmo, como algo que é o que é "*en propio*" ou "*de suyo*". É o que Zubiri chama "inteligência *sentiente*": um ato de apreensão impressiva (*sentiente*) de realidade (inteligente). Nele, as coisas "estão" sentientemente inteligidas.

Agora damos um passo adiante e nos perguntamos pela índole formal desse ato de apreensão impressiva de realidade. Em que consiste precisamente essa apreensão impressiva de realidade? Qual a índole formal da intelecção humana enquanto "inteligência *sentiente*"? Em que consiste propriamente esse "sentir intelectivo" ou essa "intelecção *sentiente*"? Não basta dizer que as coisas "estão" presentes na "inteligência *sentiente*". É preciso dizer em que consiste ou "o que é formalmente este estar presente na intelecção *sentiente*"[83]. Para explicitar e precisar sua compreensão da índole formal do ato de inteligir no que tem de intelectivo, Zubiri começa contrastando com outras compreensões do mesmo. Começa dizendo o que não é para, por contraste, dizer positivamente o que é ou em que consiste esse ato.

1.2.1 Aproximação negativa

Evidentemente, não se trata aqui de fazer um elenco ou um catálogo das diversas compreensões da intelecção humana ao longo da história da filosofia. Sequer, trata-se de abordar de um modo mais minucioso e elaborado as principais posturas teóricas sobre o tema.

83 Ibid., p. 134.

É provável inclusive que haja divergência na interpretação de alguns filósofos. Pouco importa. O que interessa aqui não é propriamente uma apresentação precisa e matizada do pensamento dos filósofos com quem Zubiri dialoga mais de perto nesse ponto, mas a explicitação de seu pensamento. O próprio Zubiri recorre a outras posturas filosóficas sobre a intelecção humana não tanto como historiador da filosofia, mas como pensador, em vista de precisar sua posição sobre a questão. Por isso, certas afirmações sobre outras filosofias e mesmo sobre o conjunto da filosofia têm às vezes um tom caricaturesco e reducionista. É que não se trata de fazer história da filosofia, mas de fazer filosofia, embora, para isso, tenha que recorrer à história da filosofia. Noutras palavras, Zubiri recorre negativamente a outras posturas filosóficas para, por contraste, explicitar e precisar positivamente sua própria postura.

Por um lado, a filosofia grega e medieval, centrada na produção do ato intelectivo, compreendeu a intelecção como "um ato que as coisas inteligidas produzem sobre a inteligência"[84]: um ato de "atuação" ou, para usar a expressão gráfica de Leibniz, um ato de "comunicação de substâncias". A inteligência seria, como pensavam Platão e Aristóteles, uma espécie de "tábua rasa" em que as coisas escreveriam seu texto e a intelecção consistiria formalmente na escritura desse texto. "Essa é a ideia que correu por quase toda a filosofia até Kant"[85]. Mas intelecção não é "atuação" ou "comunicação de substâncias". Certamente, as coisas atuam sobre a intelecção, embora a modo de "impressão intelectiva" e não como pensavam os gregos e medievais. Em todo caso, a intelecção não consiste formalmente em "atuação" das coisas sobre a inteligência ou em "comunicação de substâncias". Isso seria no máximo uma teoria (discutível) dos mecanismos através dos quais se produz a intelecção. "Como fato

84 Ibid., p. 134.

85 Ibid., p. 134.

(*hecho*), temos apenas a impressão de realidade"[86]. E, aqui, não nos perguntamos por aquilo que supostamente produz a intelecção. Perguntamo-nos simplesmente pela índole formal do ato de intelecção enquanto tal.

Por outro lado, a filosofia moderna, centrada em um momento do ato intelectivo, o momento do "dar-se conta", compreendeu a intelecção como "posição", "intenção" ou "desvelamento". Para Kant, por exemplo, a intelecção é formalmente "posição". Isto significa que "para o inteligido poder ser inteligido necessita estar proposto à inteligência"[87] e proposto pela própria inteligência. Não é que a inteligência "produza" as coisas inteligidas. Isso seria um absurdo. Mas para as coisas poderem ser inteligidas precisam estar "postas" pela inteligência. "A essência formal da inteligência consistiria então em posicionalidade"[88]. Para Husserl, por sua vez, a intelecção é formalmente "intenção". Aqui, a intelecção não consistiria em "pôr" as coisas para serem inteligidas, mas num "referir-me" intencionalmente às coisas: "seria algo formalmente intencional; o inteligido mesmo seria mero correlato dessa intenção". O próprio da intelecção não seria "posição", mas "intenção". "Em rigor, a intelecção é para Husserl apenas um modo de intencionalidade, um modo de consciência entre outros"[89]. Para Heidegger, por fim, a intelecção é formalmente "desvelamento". O próprio da intelecção nem seria "pôr" as coisas para serem inteligidas pela inteligência (posição), nem "referir-se" intencionalmente ao inteligido (intenção), mas "desvelar" o inteligido. Mas a intelecção não é formalmente nem "posição", nem "intenção", nem "desvelação" porque "em qualquer uma dessas formas o inteligido 'está presente' na intelecção"[90] e este "está presente" do

86 Ibid., p. 135.

87 Ibid.

88 Ibid.

89 Ibid.

90 Ibid.

inteligido na intelecção "não consiste em ser termo de um ato intelectivo, seja ele qual for", mas "é um momento próprio da coisa mesma; é ela a que está"[91]. De modo que "posição", "intenção" e "desvelação" seriam no máximo maneiras do inteligido "estar presente" na intelecção, "mas não o estar presente enquanto tal". E a intelecção tem a ver precisamente com este "estar" do inteligido na intelecção.

1.2.2 Definição positiva

A intelecção humana não consiste formalmente nem em "atuação" das coisas sobre a inteligência, como pensavam os gregos e medievais, nem em "posição", "intenção" ou "desvelação" das coisas pela inteligência, como pensavam Kant, Husserl e Heidegger, respectivamente. A intelecção humana tem a ver precisamente com o "estar presente" do inteligido na intelecção: "A essência formal da intelecção consiste na essência deste estar". E este "estar presente", diz Zubiri, não consiste formalmente em *estar* "posto", "intencionado" ou "desvelado", mas em "um estar como mera atualidade na inteligência *sentiente*"[92]. Eis aqui a essência formal da intelecção humana enquanto apreensão impressiva de algo como realidade: nem "atuação", nem "posição", nem "intenção", nem "desvelação", mas "mera atualidade". E "mera atualidade" significa que "o inteligido 'está' presente como real", que "o inteligido 'só está' presente como real – não é algo elaborado ou interpretado ou coisa semelhante" e que "o inteligido só está presente 'em e por si mesmo'", de modo que "o real é um momento intrínseco e formal do presente enquanto tal, não é algo além do apreendido – é seu 'ficar' *en proprio*"[93]. Zubiri chega a afirmar que esta é "a única ideia que há em todo este livro", que ele não é "senão a explicação" dessa "única ideia"[94].

91 Ibid., p. 136.

92 Ibid.

93 Ibid., p. 149.

94 Ibid., p. 14.

"Atualidade" não significa aqui o que desde Aristóteles se entendeu por tal: "o caráter do real como ato", isto é, "a plenitude da realidade de algo" (ser "cachorro em ato" é ser plenamente "aquilo em que consiste ser cachorro") ou a ação na medida em que "deriva de algo que é em ato" – a *actualitas* dos medievais. A isto Zubiri chamou "actuidade": o caráter de "ato" de algo. "Atualidade", por sua vez, é o caráter de "atual" que algo tem e que nos faz dizer dele, por exemplo, que "tem muita ou pouca atualidade ou que adquire ou perde atualidade". Diz respeito formalmente não à constituição do real (ato), mas a "uma espécie de presença física do real" (atual)[95]. São momentos bem distintos: "Actuidade" é o momento físico pelo qual algo tem a plenitude de sua realidade e "atualidade" é o momento físico pelo qual algo está fisicamente presente.

Mas, embora se tratem de momentos distintos, não se tratam evidentemente de momentos independentes. Afinal, se não toda "actuidade" é atual (os vírus nem sempre tiveram atualidade), toda "atualidade" o é de uma "actuidade". É o "real em ato" (actuidade) que "está presente" (atualidade) na intelecção *sentiente*: "Toda atualidade é sempre e só atualidade do real, atualidade de uma actuidade, é um 'estar em atualidade'. Daí que a atualidade, apesar de ser um caráter distinto da actuidade, é, não obstante, a seu modo, um caráter físico"[96] e não meramente intencional.

Existem modos distintos de atualidade: 1) Há uma atualidade meramente "extrínseca" do real: "o estar presente de algo em algo" como, por exemplo, quando se diz que os vírus (algo) estão presentes (atuais) a nós (algo); embora sempre tenham sido "realidades em ato" (actuidade), nem sempre estiveram presentes (atualidade) às pessoas[97]; 2) Há uma atualidade "intrínseca" do real, na qual algo

95 Ibid., p. 137.

96 Ibid., p. 140.

97 Ibid., p. 138.

"se faz" presente "a partir de si mesmo". Assim, uma pessoa "se faz" presente entre outras, o homem se fez presente na lua etc. Este "estar presente a partir de si mesmo" é um momento constitutivo da coisa que se faz presente: É ela mesma que a partir de sua própria realidade se faz presente[98]; 3) E há uma atualidade "formal" do real, na qual o real "está presente" não apenas "a partir de sua própria realidade" (em função de seu conteúdo), mas também "na sua própria realidade" (em função de sua formalidade)[99]. E este é o modo próprio da atualidade intelectiva, ou seja, da atualidade na inteligência *sentiente*. Nela, está presente (atual) algo (conteúdo) como realidade (formalidade).

Essa atualidade é simultaneamente atualidade do inteligido e atualidade da intelecção. Na intelecção *sentiente* estão presentes unitariamente a realidade do inteligido e a intelecção dessa realidade. Assim, na intelecção *sentiente* de uma pedra, "não só *vejo a pedra*, mas sinto que *estou vendo* a pedra"[100]. Não se trata de duas atualidades, da pedra e da minha visão, mas de uma única e mesma atualidade. Certamente, "o inteligido é distinto da intelecção", mas se atualiza no mesmo ato em que a intelecção se atualiza. Trata-se, portanto, de "atualidade comum" ou de uma "comunidade de atualidade" com uma estrutura bem precisa. Em primeiro lugar, trata-se de uma coatualidade da intelecção e da coisa inteligida: "A intelecção fica 'coatualizada' na mesma atualidade da coisa". A "comunidade de atualidade" tem aqui um caráter de "com"[101]. Em segundo lugar, trata-se de uma "co-atualidade", na qual "a coisa está presente 'na' intelecção *sentiente*" e a "intelecção *sentiente* está presente na coisa". Não é que a intelecção esteja atuando na coisa inteligida, no

98 Ibid., p. 138s.

99 Ibid., p. 139.

100 Ibid., p. 155.

101 Ibid., p. 159.

sol, por exemplo. Isso seria absurdo. O que Zubiri está dizendo é que "a intelecção *sentiente* como atualização está 'na' mesma atualização que o sol". É o caráter de "em" da "atualidade comum"[102]. Em terceiro lugar, trata-se de uma atualidade "de" realidade: "Esta atualização da realidade da coisa e do ato *sentiente* como ato real é, pois, atualização de uma mesma formalidade de realidade", enquanto "*de suyo*" ou "*en propio*". É o caráter de "de" da "comunidade de atualidade". Pois bem, é precisamente nesta atualidade comum ("com", "em", "de") do inteligido e da intelecção que consiste a "essência" ou a "índole formal" da "inteligência *sentiente*"[103].

Em síntese, a intelecção humana, enquanto "apreensão impressiva de realidade", não consiste formalmente nem em "atuação", nem em "posição", nem em "intenção", nem em "desvelação", mas em "mera atualidade" do inteligido na inteligência *sentiente*, isto é, na "comunidade de atualidade" do inteligido e da intelecção.

1.3 Modos de intelecção

Vimos que a intelecção humana é um ato de apreensão impressiva de realidade. Trata-se de um ato de apreensão, no sentido de "possuir as coisas"[104] ou no sentido do que se expressa em alemão com o verbo *greifen*: agarrar, apanhar, pegar. Mas de uma apreensão, na qual as coisas são apreendidas sempre impressiva ou sentientemente e na formalidade de realidade, isto é, como algo "*de suyo*" ou "*en propio*", como algo que *na* própria apreensão é o que é com independência e anterioridade (estrutural e não cronológica) da apreensão. Vimos também que esse ato de apreensão impressiva de realidade, o que Zubiri chama "inteligência *sentiente*", consiste

102 Ibid., p. 159s.

103 Ibid., p. 156.

104 ZUBIRI, X. *Sobre el hombre*. Madri: Alianza, 1998, p. 329.

formalmente em "mera atualidade" do inteligido na intelecção ou na "comunidade de atualidade" do inteligido e da intelecção. Mas isso não é tudo. Além de ter uma estrutura intrínseca (apreensão impressiva de realidade) e uma índole formal própria (mera atualidade), a intelecção humana é uma intelecção modalizada.

Enquanto "mera atualidade", diz Zubiri, a intelecção humana é um ato complexo, no qual se podem identificar "modos distintos de atualização" que estão "determinados pelos distintos modos da realidade mesma"[105]. Na intelecção, a coisa *está* presente simultaneamente como algo que é o que é "*de suyo*" ou "*en propio*" (remetendo-se a si mesma) e em respectividade a outras coisas reais (remetendo a essas outras coisas reais). E isso determina a própria estrutura do processo de intelecção.

As coisas são apreendidas antes de tudo como realidade "em e por si mesmas" e posteriormente em respectividade a outras coisas reais. Posterioridade não tem aqui um sentido cronológico, mas estrutural: "Para que se possa falar do que algo é 'na realidade' [respectivamente a outras coisas reais], a coisa tem que estar já apreendida 'como real' em e por si mesma"[106]. Além do mais, as coisas são apreendidas "na realidade" (entre outras coisas) como "realidade" (em si e por si). De sorte que essa apreensão da coisa "como realidade" constitui o modo primário ou primordial de intelecção. É o que Zubiri chama "apreensão primordial de realidade". A apreensão da coisa "na realidade", diz ele, é "uma modalização da intelecção do que esse algo é 'como realidade'". Em referência "a essa apreensão primordial, os outros modos de intelecção são [...] ulteriores"[107]. Mas ulteriores num sentido estrutural e não cronológico. "Não se trata, pois, de 'outra' intelecção, mas de um modo distinto da mesma

105 ZUBIRI, X. *Inteligencia sentiente*: Inteligencia y realidad. Op. cit., p. 253.

106 Ibid., p. 255.

107 Ibid., p. 256.

intelecção"[108]; "não se trata de 'outra atualização', mas de um desdobramento de sua atualização primordial: por isso é re-atualização"[109]. Noutras palavras, não é que haja primeiro um ato completo de apreensão primordial e depois (cronologicamente) outros atos completos de intelecção (logos e razão). Trata-se de um único ato de apreensão impressiva de realidade, no qual se identificam momentos distintos que estruturam e modalizam o ato de intelecção.

Aqui não entraremos na estrutura complexa de cada uma dessas modalidades intelectivas: *apreensão primordial*, *logos* e *razão*. Elas estão analisadas nos três tomos de sua trilogia sobre a intelecção humana. Sua análise nos levaria longe demais, extrapolando os limites e as pretensões da abordagem do tema neste trabalho. Não faremos senão esboçar as características fundamentais de cada uma delas, ou seja, o que distingue e especifica cada uma dessas modalidades.

1.3.1 Apreensão primordial

Apreensão primordial é o modo de apreensão, no qual a coisa está apreendida como realidade (formalidade) "em e por si mesma" e "somente" como realidade "em e por si mesma". Este momento do "somente" é o que "constitui o caráter modal da apreensão primordial de realidade"[110] e tem três características fundamentais: 1) "apreensão *direta* do real", isto é, "não através de representações nem imagens"; 2) "apreensão *imediata* do real", ou seja, "não fundada em inferências, raciocínios ou coisa similar"; e 3) "apreensão *unitária* do real", isto é, não obstante a riqueza e variabilidade do conteúdo, ele é apreendido unitariamente[111]. Primordialmente, a

108 Ibid.

109 Ibid., p. 14.

110 Ibid., p. 258.

111 Ibid., p. 257, 265.

coisa real "está" atualizada e é inteligida, portanto, de modo direto, imediato e unitário.

Trata-se fundamentalmente de uma "intelecção atentiva" (centrada, precisa)[112], cuja índole formal consiste, precisamente, em "retenção". Apreendemos algo como real "em e por si" fixando-nos atentivamente, isto é, de modo centrado e preciso nesse algo unitariamente considerado. E na medida em que "estamos apreendendo algo atentivamente ficamos retidos pelo real em sua própria atualidade"[113]. Na apreensão de realidade o real nos "retém" na sua própria realidade.

Por esta intelecção atentiva e retentiva "já estamos instalados inamissivelmente na realidade". De maneira que nos modos ulteriores de atualização não há necessidade de chegar à realidade, porque já estamos nela, "retidos" por ela: "O logos e a razão não necessitam chegar à realidade, mas nascem [dela] e estão nela"[114]. Não se trata, pois, de chegar à realidade pelo logos ou pela razão, mas de mergulhar na própria realidade, na qual já estamos instalados, atualizando-a cada vez mais na riqueza de seu conteúdo.

Em síntese, (1) trata-se de uma apreensão direta, imediata e unitária da realidade "em e por si mesma"; (2) nesta apreensão, estamos "retidos" e "inamissivelmente instalados" na realidade; (3) ela é primordial porque qualquer outra apreensão de realidade funda-se constitutivamente nela e a envolve formalmente: "o real, apreendido em e por si mesmo, é sempre o primórdio e o núcleo essencial de toda apreensão de realidade. Isto é o que significa a expressão 'apreensão primordial de realidade'" [115].

112 Ibid., p. 260s.

113 Ibid., p. 262.

114 Ibid., p. 14.

115 Ibid., p. 65.

1.3.2 Apreensões ulteriores

Se a "apreensão primordial" consiste em apreender algo como realidade "em e por si mesma" e "somente" enquanto tal (*como* realidade), as "apreensões ulteriores" consistem em apreender essa mesma realidade "já" apreendida "em e por si mesma" em respectividade a outras realidades (*na* realidade). Falamos de apreensões "ulteriores" precisamente em referência à apreensão "primordial". E essa ulterioridade tem uma dupla característica. Por um lado, "só porque a apreensão de algo como real é insuficiente [conteúdo], temos que inteligir o que esse real é na realidade"[116]. Por outro lado, "porque a atualidade ulterior consiste em respectividade, resulta que sua intelecção tem um conteúdo mais amplo que o da apreensão primordial. Não há, certamente, mais realidade [formalidade], mas a realidade fica atualizada mais ricamente [conteúdo]"[117]. De modo que as apreensões ulteriores são simultaneamente uma "expansão" e um "enriquecimento" da apreensão primordial de realidade.

Temos falado sempre de "apreensão primordial" (singular) e de "apreensões ulteriores" (plural). É que a realidade atualizada "em e por si mesma" (*como* realidade) é re-atualizada em respectividade (*em* e *na* realidade). E essa respectividade é dupla: é respectividade a outras realidades já apreendidas *em* apreensão primordial (campo) e é respectividade à realidade enquanto tal (mundo). A estes dois modos de re-atualização da realidade correspondem dois modos de intelecção: logos e razão.

1.3.2.1 Logos

A mesma coisa real, apreendida primordialmente "em e por si" mesma (*como* realidade), é apreendida agora "a partir" e "em fun-

116 Ibid., p. 266.

117 Ibid., p. 267.

ção" de outras coisas reais também já apreendidas primordialmente (*em* realidade). A abertura e respectividade dessas diversas coisas reais apreendidas primordialmente configuram a realidade como uma espécie de "campo", um "campo de realidade"[118], que, por sua vez, situa essas diversas coisas reais respectivamente umas às outras, possibilitando uma nova modalidade de intelecção: logos ou intelecção campal. O logos é um modo de intelecção, no qual uma coisa real (já inteligida como real) é atualizada "dentro do âmbito de realidade" de outras coisas reais ou no "campo de realidade"; é "a intelecção do que uma coisa real é em realidade, isto é, respeito a outras coisas reais"[119]. Assim, intelijo, por exemplo, que aquilo que ouvi como real (em apreensão primordial) é um tiro, um trovão, uma explosão, um terremoto etc. O apreendido (atualizado) primordialmente "em e por si" é apreendido (re-atualizado) "a partir" e "em função" de outras coisas reais já apreendidas (tiro, trovão, explosão, terremoto etc.).

Enquanto re-atualização de algo "a partir" e "em função" de outras coisas reais já inteligidas, a intelecção campal (logos) está estruturada por um duplo movimento: "retração" e "reversão". Por um lado, um movimento que vai da coisa ao campo de realidade; "um movimento de retração", no qual, tomando "distância" ou "prescindindo" do conteúdo (nunca da realidade!) do apreendido, inteligimos, através do que Zubiri denomina "simples apreensões" (perceptos, fitos e conceitos), o que "seria" a coisa "em realidade",

118 "A respectividade constitutiva de toda realidade se concretiza em sua remissão às demais coisas do campo que, desta maneira, concretizam um término do '*hacia*'. Poderíamos dizer que o campo é a organização das distintas coisas dadas em apreensão por sua constitutiva respectividade real; desse modo, o campo não é nada independentemente das coisas que o conformam e está sempre aberto a configurações novas. 'Campo é, provavelmente, um dos conceitos mais fecundos e felizes do pensamento zubiriano" (PINTOR-RAMOS, A. *Zubiri*: 1898-1983. Op. cit., p. 35s.).

119 ZUBIRI, X. *Inteligencia y logos*. Op. cit., p. 16.

isto, "entre" e "em função" de outras coisas já apreendidas[120]. Por outro lado, um movimento de "reversão" do campo de realidade à coisa que se pretende inteligir, no qual se "afirma" que o "seria" do momento de retração "coincide" ou não com o que a coisa é "em realidade". O próprio do logos é, portanto, apreender, retraidamente, o que "seria" a coisa "em realidade" e reverter a ela, "afirmando" o que ela "é" campalmente, isto é, "em realidade". Assim, vejo um "vulto" e, mediante outras apreensões (árvore, pedra, homem etc.), "afirmo" que é uma árvore. Trata-se, portanto, de uma intelecção afirmativa (juízo), isto é, de "uma intelecção em reversão distanciada do que a coisa é em realidade"[121].

1.3.2.2 Razão

A coisa real é inteligida não apenas "em e por si mesma" (apreensão primordial) e "a partir" e "em função" de outras coisas já inteligidas (logos), mas também em respectividade a toda e qualquer realidade, "seja ou não sentida"[122]. É a intelecção racional. O que caracteriza a intelecção racional é o "conhecimento"[123], isto é, a "busca" do "fundamento" da coisa primordial e campalmente já apreen-

---

120 Cf. ibid., p. 89-107. "Simples apreensão" consiste em apreender o conteúdo das coisas reais do campo, não como conteúdo dessas coisas, mas, simplesmente, como reduzidos a "princípio de inteligibilidade" da coisa que remeteu a estas outras coisas campais. Noutras palavras: "O conteúdo dessas coisas [campais] já não é conteúdo de coisa, mas apenas princípio de inteligibilidade de outra ou de outras" (ibid., p. 90).

121 Ibid., p. 110.

122 ZUBIRI, X. *Inteligencia y razón*. Op. cit., p. 12.

123 "Conhecer o que é uma coisa, é inteligir sua realidade profunda, é inteligir como está atualizada em seu fundamento próprio, como está constituída 'na realidade' como princípio mensurante. Conhecer o verde não consiste apenas em vê-lo nem em inteligir que é em realidade uma cor bem determinada entre outras, mas inteligir o fundamento mesmo do verdor na realidade, inteligir, por exemplo, que é uma ondulação eletromagnética ou um fóton de determinada frequência. Só ao tê-lo inteligido assim, conhecemos realmente o verde real: temos intelecção do verdor, mas em razão. A razão do verde é seu fundamento real" (ibid., p. 161s.).

dida. Razão é "busca", *intellectus quaerens*[124], de "fundamento" e sua atividade consiste em "pensar". A atividade pensante é, em primeiro lugar, uma intelecção-além, um "pensar-além", isto é, "busca de algo além do que já estou inteligindo". Esse "além", não um "além da realidade", mas a "realidade-além" do campalmente já inteligido[125]. Em segundo lugar, é uma "intelecção incoativa" que se desenvolve em forma de "via": "Um pensamento nunca é apenas um simples ponto de chegada, mas é também, intrínseca e constitutivamente, um novo ponto de partida. O inteligido pensantemente é algo inteligido, mas incoativamente aberto além de si mesmo"[126]. Por fim, ademais de um "pensar além" e em "forma incoativa", a atividade pensante consiste num "inteligir ativado pela realidade, enquanto aberta"[127]. Como bem expressa o dito popular: "as coisas dão o que pensar", ou seja, "o real não apenas se dá na intelecção, mas dá o que pensar"[128]. E, no fim das contas, "dá [ou não] razão" ao pensado: "Na marcha intelectiva, as coisas começam dando que pensar e terminam dando [ou tirando] razão"[129].

Enquanto busca pensante da realidade profunda e fundamental, a razão não apenas se "movimenta" entre as coisas apreendidas (campo), mas "marcha para o desconhecido e, inclusive, para o vazio"[130], percorrendo, livremente, uma via ou método determinado. Este método ou via está constituído por três passos fundamentais: "sistema de referências" (referência direcional dada pelo logos); es-

---

124 Ibid., p. 23.

125 Ibid., p. 30-31.

126 Ibid., p. 32.

127 Ibid.

128 Ibid., p. 34.

129 Ibid., p. 71.

130 Ibid., p. 21.

boço (criação de uma possibilidade pela razão: o que "poderia ser") e experiência (prova do esboço)[131].

Tendo visto, ainda que de modo muito genérico e simplificado, em que consiste cada um desses modos de intelecção, convém, por fim, insistir na unidade estrutural e complexa do ato de intelecção, destacando alguns pontos que são essenciais para uma correta compreensão da postura de Zubiri. Em primeiro lugar, "apreensão primordial", "logos" e "razão" não são três atos de intelecção distintos, mas três modalizações de um único ato de intelecção de uma coisa real: "em e por si mesma", "em realidade" e "na realidade". Em segundo lugar, trata-se de modos diferenciados pela análise dentro do ato de intelecção. Como diz Pintor-Ramos, o mais provável "é que essas três modalidades existam ao mesmo tempo na maioria dos atos intelectivos, em cujo caso, o que permite especificar um ato conforme uma modalidade concreta será o predomínio dessa modalidade sobre as demais"[132]. Em terceiro lugar, esses três modos de intelecção se articulam entre si estruturalmente em função uns dos outros e fundados uns nos outros: o logos está fundado na apreensão primordial e a razão está fundada na apreensão primordial e no logos. Em quarto lugar, embora a apreensão primordial seja o primórdio da intelecção e a condição de qualquer outra modalidade intelectiva, é claro que a intelecção não se reduz a ela nem dá de si tudo que pode dar, senão na unidade dos três modos. Em quinto lugar, embora o momento primordial esteja presente em todo ato de intelecção, cremos com Pintor-Ramos que "é muito provável que os homens de

131 Ibid., p. 202-257. "O esquema de base é o mesmo, tratando-se de conhecimentos da vida cotidiana, das ciências ou da metafísica; o que os distingue é a linha concreta na qual se busca a fundamentalidade, mas nenhum saber tem privilégio intelectivo sobre os outros e, portanto, nenhum pode erigir-se em cânon dos demais, já que o único cânon do conhecimento é a realidade na plenitude de riqueza com que fica dada primordialmente e que nenhum conhecimento jamais esgotará" (PINTOR-RAMOS, A. Op. cit., p. 40).

132 PINTOR-RAMOS, A. *Realidad y verdad*: Las bases de la filosofía de Zubiri. Op. cit., p. 88.

hoje jamais cheguemos a ter uma única apreensão primordial pura e, se chegássemos a ter, resultaria finalmente inefável"[133]. Em todo ato de intelecção há, sem dúvida, um momento de apreensão primordial (qualquer logos ou razão é logos ou razão de algo primordialmente já apreendido); mas, muito provavelmente, não haja nenhuma apreensão puramente primordial. Em sexto lugar, por ser a apreensão primordial uma apreensão impressiva ou *sentiente* e por ser o logos e a razão re-atualizações ou desdobramentos intelectivos da apreensão primordial, estes são também, sempre, intelecções *sentientes*: logos *sentiente* e razão *sentiente*. Por mais teórica, especulativa e abstrata que seja uma intelecção, será, sempre, de algum modo, *sentiente*.

2 Intelecção-hermenêutica

A abordagem zubiriana da intelecção humana em termos de "inteligência *sentiente*", tal como esboçamos no item anterior, ao mesmo tempo em que supera a concepção idealista de intelecção que se impôs no Ocidente e que Zubiri denomina "logificação da inteligência", oferece um quadro teórico que permite assumir a hermenêutica como um momento fundamental da intelecção humana: um momento irredutível, mas um momento dentro de um processo mais amplo e complexo que não se reduz a nenhum de seus momentos. Importa, agora, destacar essa dupla contribuição da abordagem zubiriana: superação do reducionismo idealista da intelecção e abordagem da hermenêutica como um momento do processo de intelecção.

2.1 Superação do reducionismo idealista da intelecção

Como bem percebeu Ellacuría, "uma das chaves de leitura e interpretação do pensamento de Zubiri é a superação do reducionis-

133 Ibid., p. 88. Cf. PINTOR-RAMOS, A. *Zubiri*: 1898-1983. Op. cit., p. 34.

mo idealista" que, com intensidade e formulações distintas, marca e atravessa praticamente toda a história da filosofia ocidental e se materializa em termos de "logificação da inteligência" e "entificação da realidade"[134]. Embora se trate aqui de dois aspectos de um mesmo problema, uma vez que "saber e realidade em sua própria raiz são estrita e rigorosamente congêneres"[135], na medida em que cada um desses aspectos tem sua especificidade e irredutibilidade pode ser abordado separadamente. E, aqui, interessa-nos especificamente o reducionismo idealista da intelecção em termos de "logificação da inteligência".

Segundo Zubiri, a filosofia clássica sempre entendeu o "*intellectus*" como "*intellectus concipiens*": "Os sentidos nos dão as coisas e a inteligência elabora, constrói ou concebe ideias acerca delas"[136]. O próprio da intelecção seria conceber, predicar, julgar. Com isso, diz ele, "a intelecção foi progressivamente se subsumindo em ser declaração do que é a coisa, ou seja, foi-se identificando intelecção e logos predicativo". Esta "foi a grande descoberta de Platão [na obra] *O sofista* que culminou em Aristóteles, para quem o logos mesmo é *apóphansis* do que é a coisa". É o que Zubiri chama "logificação da inteligência"[137].

Não é que isso seja absolutamente falso, uma vez que também é próprio da intelecção conceituar. No entanto, diz Zubiri, "mesmo sendo uma função intelectual inexorável, [a conceituação] não é o primário e radical do inteligir porque a intelecção é primária e radicalmente apreensão sensível do real enquanto real. Conceituar

134 ELLACURÍA, I. "Superación del reducionismo idealista en Zubiri". In: *Escritos Filosóficos III*. Op. cit., p. 403-430, aqui p. 403-404.

135 ZUBIRI, X. *Inteligencia sentiente*: Inteligencia y realidad. Op. cit., p. 9.

136 ZUBIRI, X. *Los problemas fundamentales de la metafísica occidental*. Madri: Alianza, 1995, p. 326.

137 ZUBIRI, X. *Inteligencia sentiente*: Inteligencia y realidad. Op. cit., p. 86. Cf. ELLACURÍA, I. "Superación del reducionismo idealista en Zubiri". Op. cit., p. 405-409.

é apenas um desdobramento intelectivo da impressão de realidade"[138]. De modo que não se trata de negar o momento ou a função conceituante da intelecção, mas de superar a redução da intelecção ao logos ou o que Zubiri chama "logificação da inteligência", situando esse momento conceituante num processo mais amplo que denomina "inteligência sentiente" que, por sua vez, é compreendido como momento da ação humana. E, assim, supera tanto a redução da intelecção ao logos (dualismo inteligência X sensibilidade) quanto a substantivação da intelecção (dualismo intelecção X ação). Dois aspectos fundamentais no processo de superação do reducionismo idealista da intelecção.

2.1.1 Superação do dualismo inteligência X sensibilidade

Esse é um dos pontos mais cruciais e relevantes da análise zubiriana da intelecção humana: "O sentir humano e o inteligir não apenas não se opõem, mas constituem, em sua unidade intrínseca e formal, um só e único ato de apreensão. Este ato, enquanto *sentiente*, é impressão; enquanto intelectivo, é apreensão de realidade. Portanto, o ato único e unitário de intelecção *sentiente* é impressão de realidade. Inteligir é um modo de sentir e sentir é, no homem, um modo de inteligir"[139].

Como vimos, ao tratar da estrutura intrínseca da intelecção, Zubiri chega a essa conclusão através da análise do ato de intelecção em e por si mesmo. Nele, a coisa "está" presente com um conteúdo próprio (cor, tamanho, peso, densidade etc.) e numa formalidade específica ("realidade") e é apreendida impressiva ou *sentientemente* (pelos sentidos) como algo que é o que é "*de suyo*" ou "*en propio*", isto é, como radicalmente outro frente ao próprio ato, mas *no* ato.

---

138 ZUBIRI, X. *Inteligencia sentiente*: Inteligencia y realidad. Op. cit., p. 87.

139 Ibid., p. 13.

Trata-se, portanto, de um ato de apreensão impressiva de realidade. É o que Zubiri chama "inteligência *sentiente*".

Certamente, "sentir não é o mesmo que inteligir"[140]. A razão formal pela qual a intelecção humana é *sentiente* (impressão) não é a mesma pela qual ela é inteligente (realidade). Mas isso não significa que sentir e inteligir sejam independentes nem muito menos que se oponham: "Sem dar-se um reducionismo do inteligir ao sentir, no qual caem todas as formas de sensualismo por não distinguir entre conteúdo e formalidade na impressão sensível, dá-se entre eles uma unidade estrutural radical, pela qual o sentir mesmo é intelectivo e a intelecção mesma é *sentiente*"[141]. A intelecção humana é simplesmente um "modo de sentir"[142]: sentir as coisas como realidade. Nela, as coisas impressionam (conteúdo), mas impressionam como realidade (formalidade) e, por sua vez, são apreendidas impressivamente (sentir) como realidade (inteligir). Pelo que tem de impressão, a intelecção é *sentiente*; pelo que tem de realidade, é intelectiva. É, portanto, um ato de apreensão impressiva de realidade e enquanto tal é formalmente um ato *sentiente* e inteligente: "Sentir e inteligir não são senão dois momentos" desse ato. "É uma superação radical e essencial do dualismo entre sentir e inteligir"[143].

Mas isso não é tudo. No ato de intelecção as coisas "estão" presentes com um "conteúdo" determinado (sistema de notas) e numa "formalidade" específica (realidade) e são apreendidas impressivamente (sentir) como realidade (inteligir). Não apenas o conteúdo, mas a própria formalidade de realidade está dada e apreendida impressiva ou *sentientemente*[144]. O que significa dizer que conteúdo e

140 Ibid., p. 79.

141 ELLACURÍA, I. "La obra de Xavier Zubiri sobre la inteligencia humana". Op. cit., p. 336.

142 ZUBIRI, X. *Inteligencia sentiente*: Inteligencia y realidad. Op. cit., p. 84.

143 Ibid., p. 80.

144 Cf. ELLACURÍA, I. "Biología e inteligencia". In: *Escritos Filosóficos III*. Op. cit., p. 137-201, aqui p. 148s.

formalidade, sem serem idênticos, tampouco se opõem. Todo conteúdo está dado na formalidade de realidade e toda formalidade de realidade está dada num conteúdo determinado. Assim como não há dualismo entre sentir e inteligir, tampouco há dualismo entre conteúdo e formalidade. Dito graficamente, sem entrar na história polêmica dos conceitos, o *meta*-físico nem é algo separado nem muito menos oposto ao *físico*. O *meta* do *físico*, sem se identificar com ele, não é algo separado nem oposto a ele[145]. É, certamente, uma *trans*cendência, mas *trans*cendência *no* físico e não *do* físico[146].

E tudo isso, adverte Ellacuría, é de uma importância enorme "tanto para resolver problemas teóricos de importância indubitável quanto para formular adequadamente questões práticas graves em numerosas disciplinas [...]. Concretamente, no que toca à sensibilidade, fica claro que não se alcança a verdadeira realidade, a realidade verdadeira, fugindo dos sentidos, anulando a vida sensorial, mas, ao contrário, pondo-a em pleno e fecundo exercício. As consequências desse enfoque são evidentes para a pedagogia, comunicologia, estética etc., assim como para fazer uma teologia correta, na qual o transcendente não tem por que aparecer como o que está além dos sentidos, como um mundo à parte da realidade que nos é dada imediatamente. Não esqueçamos que a dualidade sensível X suprassensível, material X espiritual, arrancou, em última instância, da dissociação e oposição entre sensibilidade e inteligência"[147].

2.1.2 Intelecção como momento da ação humana

Além de superar o clássico dualismo sentir X inteligir, Zubiri trata a intelecção como um momento da ação humana. Intelecção é

145 Cf. ELLACURÍA, I. *Filosofia de la realidad histórica*. São Salvador: UCA, 1990, p. 28.

146 Cf. ZUBIRI, X. *Inteligencia sentiente*: Inteligencia y realidad. Op. cit., p. 114-123.

147 ELLACURÍA, I. "La nueva obra de Zubiri: *Inteligencia sentiente*". Op. cit., p. 312.

"impressão de realidade", isto é, um modo de apreensão: apreender as coisas como realidade. E a apreensão é um momento e ademais o momento desencadeante da "atividade" em que consiste a vida.

"Como ser vivente, o homem se encontra entre coisas, umas externas, outras internas, que o mantêm em uma atividade não apenas constante, mas primária; o vivente é uma atividade constitutiva"[148]. Essa atividade, como vimos, está estruturada por três momentos: suscitação, modificação tônica e resposta. A suscitação desencadeia o processo acional (função suscitante) e o faz impressivamente (estrutura formal própria). A impressão tem três momentos constitutivos: afecção, alteridade e força de imposição. Pelo momento de alteridade, faz presente aquilo que impressiona com um "conteúdo próprio" e com uma "formalidade" específica. A intelecção diz respeito propriamente ao modo (formalidade) como as coisas que nos afetam "ficam" na impressão: realidade. É um modo de impressão: impressão de realidade. Pelo que tem de impressão, a intelecção é *sentiente*; pelo que tem de realidade, é inteligente: é "intelecção *sentiente*". E esse modo de impressão de realidade (inteligência *sentiente*) determina, de alguma forma, os demais momentos da atividade em que consiste a vida. A modificação tônica se configura como "sentimento *afectante*" e a resposta se configura como "vontade tendente"[149]. Enquanto "atividade constitutiva", a vida humana é, portanto, um processo estruturado por três momentos fundamentais: intelecção, sentimento e vontade.

Evidentemente, não vamos explicitar em que consiste e como se estrutura cada um desses momentos. Não é nosso tema. Aqui nos interessa simplesmente explicitar e enfatizar o fato de que a intelecção é, para Zubiri, *um* momento do processo accional em que

148 ZUBIRI, X. *Sobre el hombre*. Madri: Alianza, 1998, p. 11.

149 Cf. ibid., p. 15s. • ZUBIRI, X. *Inteligencia sentiente*: Inteligencia y realidad. Op. cit., p. 282-285. • ZUBIRI, X. *Sobre el sentimiento y la volición*. Madri: Alianza, 1993.

consiste a vida humana. Como um momento específico, tem certamente sua autonomia e seu dinamismo próprio (distinto do sentimento e da volição); mas como momento de um processo, é um momento apenas relativamente autônomo e nunca independente. Em última instância, diz ele, intelecção, sentimento e volição não são "três ações sucessivas", mas apenas "três momentos de uma ação una e única": "Comportar-se na realidade". E comportar-se apreendendo a realidade (intelecção), atemperando-se (sentimento) e determinando-se (vontade) na realidade[150].

Dessa forma, Zubiri não apenas supera radicalmente (pela raiz) o dualismo entre sentimento e intelecção, mas também o dualismo entre intelecção e ação. Ademais de e/ou enquanto *sentiente*, a intelecção é *um* momento da ação humana. Não por acaso, como observa Diego Gracia, Zubiri prefere falar da intelecção como "apreensão" e não como "sensação", "percepção", "intuição" ou algo semelhante. E continua: "Não parece incorreto afirmar que as filosofias se diferenciam, entre outras coisas, pelo tipo de metáforas que utilizam. As que usam e abusam das metáforas 'visuais' (*eidos*, *noûs*, *intuitio* etc.) tendem irremissivelmente à atitude 'contemplativa' e, no fim, 'idealista'; são filosofias preponderantemente 'teóricas' e 'especulativas'. Pelo contrário, as que utilizam metáforas 'táteis' tendem a ser filosofias 'práticas' e 'ativas'"[151]. É o caso de Zubiri e, sobretudo, de Ignacio Ellacuría, cujo "grande empenho", diz Diego Gracia, "foi explorar esse filão da filosofia zubiriana e propor, a partir dele, um modelo de filosofia realista e prática superior às até agora vigentes"[152].

E, assim, superando o dualismo sentir X inteligir mediante análise do ato de intelecção sentiente e tomando a intelecção sentiente

---

150 ZUBIRI, X. *Sobre el hombre*. Op. cit., p. 16-17.

151 GRACIA, D. "Filosofía prática". In: GIBERNAT, J.A. & GOMES, C. *La pasión por la libertad*: Homenaje a Ignacio Ellacuría. Estella: Verbo Divino, 1994, p. 329-352, aqui p. 339.

152 Ibid., p. 339s.

como um momento do processo accional ou da atividade em que consiste a vida humana, Zubiri supera o reducionismo idealista da intelecção que, com mil variáveis, atravessa toda a história da filosofia ocidental e oferece um quadro teórico que permite assumir a hermenêutica como um momento – irredutível, mas apenas um momento – da intelecção humana.

2.2 Hermenêutica como momento do processo de intelecção

A abordagem zubiriana da problemática da intelecção humana situa o debate acerca do estatuto teórico da hermenêutica em outro patamar. Certamente, a intelecção humana tem a ver com hermenêutica ou, para sermos mais precisos, tem um momento hermenêutico irredutível. Mas nem se reduz à hermenêutica nem consiste primordialmente em interpretação. Pelo contrário. Enquanto interpretação ou compreensão de algo, a hermenêutica supõe já a apreensão intelectiva desse algo que intenta compreender ou interpretar.

A grande insistência do movimento hermenêutico que se desenvolveu a partir do século XIX com Schleiermacher, Dilthey, Heidegger, Gadamer e Ricoeur, não obstante as enormes diferenças e divergências que os caracterizam, é que intelecção tem a ver com hermenêutica, entendida como interpretação ou compreensão. E isso não é sem mais falso. Afinal, inteligimos as coisas compreendendo-as a partir e em função de nosso mundo vital. Ao apreendermos algo, automaticamente o referimos ao nosso mundo vital e, por essa referência, o incorporamos em nosso mundo. Isso faz com que o apreendido, enquanto inserido em nosso mundo, adquira aí um sentido que é preciso compreender. E isso faz com que intelecção tenha a ver com interpretação ou compreensão. Pouco importa aqui se isso é desenvolvido numa perspectiva mais epistemológica ou ontológica ou numa perspectiva ontológico-epistemológica e se essas abordagens são mais de caráter crítico ou romântico, psicológico ou objetivo.

De fato, como vimos no primeiro capítulo, o debate recente sobre hermenêutica tem uma história muito complexa e controvertida. Identificamos com Ricoeur *três fases fundamentais* nesse debate: uma fase epistemológica (Schleiermacher e Dilthey), uma fase ontológica (Heidegger e Gadamer) e uma fase ontológico-epistemológica (Ricoeur). Mostramos como esse debate é marcado por uma *tensão fundamental* que constitui um verdadeiro paradoxo, cujos pontos ou aspectos ou dimensões podem ser formulados em termos de "epistemologia" e "ontologia" e cuja tensão aparece em termos de "explicação-compreensão" (Dilthey) e/ou "distanciamento-pertença" (Gadamer). E mostramos também como Ricoeur, através da "noção de texto", tenta superar o dualismo que caracteriza as duas primeiras fases desse debate, entendendo hermenêutica como "teoria das operações da compreensão em sua relação com a interpretação dos textos"[153]. Nesse contexto, utiliza muitas vezes a expressão "arco hermenêutico", no intuito de "integrar as atitudes opostas da explicação e da compreensão [da distância e da pertença] numa concepção global da leitura como recuperação do sentido"[154] ou de mostrar que não há oposição, mas mútua implicação e complementaridade entre "explicação e compreensão" ou entre "distanciamento e pertença". Mas não é preciso repetir aqui o que já apresentamos com riqueza de detalhes anteriormente. Basta destacar a complexidade e indicar os pontos fundamentais do debate acerca do estatuto teórico da hermenêutica; um debate que, ademais, permanece aberto e não necessariamente precisa ser tomado a partir e na perspectiva de Ricoeur – o que revela ainda mais a complexidade do problema.

153 RICOEUR, P. "A tarefa da hermenêutica". Op. cit., p. 23.

154 RICOEUR, P. "Que es un texto? Op. cit., p. 144, 147.

Em todo caso, e deixando em aberto o debate sobre hermenêutica, é preciso insistir com Zubiri que, embora intelecção tenha a ver com hermenêutica, não é sem mais hermenêutica. Primeiro, porque intelecção não é sinônimo de interpretação. Segundo, porque interpretação não é o modo primário de intelecção.

Antes de tudo, é preciso insistir que intelecção não é formalmente interpretação de "sentido", mas apreensão das coisas como "realidade", isto é, como algo "*en propio*" ou "*de suyo*" e que esta apreensão não consiste formalmente em "atuação", "posição", "intensão" ou "desvelação", mas em "mera atualidade" do inteligido na inteligência sentiente. Certamente, tudo isso faz parte do processo intelectivo e, por isso, não é sem mais falso falar de intelecção em termos de interpretação ou em termos de "atuação", "posição", "intensão" ou "desvelação". Mas, na medida em que não se reduz a isso e, inclusive, na medida em que essas atividades intelectivas supõem e se apoiam em níveis ou modos mais primários e fundamentais de apreensão, a intelecção não pode ser definida formalmente como interpretação nem muito menos identificada com alguma dessas atividades do processo intelectivo. Em síntese: intelecção consiste formalmente em "apreensão de realidade" e esta apreensão consiste formalmente em "mera atualidade" do inteligido na intelecção.

E é preciso insistir que a intelecção é um processo complexo e modalizado e que seu modo primário não é intepretação. Faz parte do processo intelectivo, enquanto processo de apreensão das coisas "como realidade", interpretar ou compreender as coisas "na realidade". Mas a interpretação ou compreensão de algo, seja isso o que for, supõe já sua apreensão ou um nível mais primordial de apreensão que Zubiri chama "apreensão primordial de realidade": uma apreensão "direta", "imediata" e "unitária" da realidade "em e por si mesma". Só posso tentar interpretar ou compreender o que algo é "na realidade" (em respectividade a outras coisas) na medida em que esse algo já está apreendido "como realidade" (como algo "*en propio*" ou "*de suyo*"). Zubiri fala aqui de apreensão "ulterior", no sentido de que só se dá e só é possível em respectividade a e apoiado na apreensão "primordial": "O real, apreendido em e por si mesmo, é sempre o primórdio e o núcleo essencial de toda apreensão de realidade"[155].

Sem falar que o processo intelectivo em sua totalidade, com todas as suas modalizações, "apreensão primordial" e "apreensões ulteriores", não é senão um momento do processo accional ou da atividade constitutiva em que consiste a vida humana: o momento em que as coisas que se fazem presentes na vida humana são apreendidas na formalidade de realidade, isto é, como alteridade radical, como algo "*en propio*" ou "*de suyo*". Certamente, esse momento intelectivo tem a sua especificidade e enquanto tal é irredutível a outros momentos da vida ou ação humana. Mas em sua irredutibilidade não é senão um momento da vida ou da ação humana. E isso é fundamental no processo de superação do reducionismo idealista da intelecção porque, além da redução da intelecção ao logos (dualismo inteligência X sensibilidade), supera também a substantivação da intelecção (dualismo intelecção X ação). E essa superação radical do reducionismo idealista da intelecção possibilita uma nova abordagem da hermenêutica no contexto mais amplo e complexo do processo intelectivo.

É verdade que na própria história da hermenêutica há posições que, de alguma forma, e não obstante ambiguidades e inconsequências teóricas, apontam para uma superação ao menos parcial do idealismo intelectivo ou, em todo caso, de posturas idealistas mais radicais. Indícios disso se pode reconhecer na "interpretação gramatical" ou mesmo na "atividade de comparação" da "interpretação psicológica" em Schleiermacher; na tese diltheyniana de que o conhecimento histórico é possível porque "a vida produz formas, exterioriza-se em configurações estáveis" ou se "fixa em conjuntos

155 ZUBIRI, X. *Inteligencia sentiente*: Inteligencia y realidad. Op. cit., p. 65.

estruturados"; na retomada gadameriana dos problemas epistemológicos na hermenêutica pós-Heidegger; e, sobretudo, no esforço de Ricoeur de superar, através da "noção de texto", o dualismo entre compreensão e explicação ou entre pertença e distanciamento, inserindo um elemento crítico no processo de compreensão.

Em todo caso, e não obstante o mérito destas posições e o que elas tenham de verdade, trata-se sempre, inclusive em Ricoeur, de *interpretação de sentido* (mesmo que de signos ou de textos) e não de *apreensão de realidade*, mantendo uma identificação reducionista e idealista entre intelecção e interpretação. Além do mais, a intelecção, reduzida a interpretação, é tomada em e por si mesma e não como momento constitutivo e essencial da ação humana, como mostra Zubiri. É verdade que ela repercute na vida humana, na medida em que o que deve ser interpretado num texto é uma "proposição de mundo, de um mundo tal como posso habitá-lo para nele projetar um de meus possíveis mais próximos"[156]. Mas isso não passa de uma mediação que possibilita ao leitor "compreender-se diante da obra"[157]. Na melhor das hipóteses, não passa de "apropriação" ou de "aplicação" do texto à situação presente do leitor[158]. De uma forma ou de outra, não saímos do círculo idealista vicioso da interpretação: interpretação do mundo do texto e/ou interpretação do leitor diante da obra. A hermenêutica continua marcada pela dupla redução idealista da intelecção que de alguma forma caracteriza toda a tradição ocidental: redução da intelecção a interpretação de sentido e substantivação da intelecção. E isso não é uma questão menor no debate sobre o estatuto teórico da hermenêutica enquanto atividade intelectiva.

156 RICOEUR, P. "A função hermenêutica do distanciamento". Op. cit., p. 66.

157 Cf. ibid., p. 67-69.

158 Cf. ibid., p. 67.

Sem negar nem comprometer a função ou o momento hermenêutico da intelecção no que tem de próprio e irredutível, o desafio aqui consiste em tomar a hermenêutica como um momento do processo de intelecção que, por sua vez, constitui-se como um momento da ação ou atividade que constitui a vida humana. Dessa forma, nem se compromete essa modalização da intelecção que é a interpretação, nem se reduz idealisticamente a intelecção a seu momento interpretativo. É a grande contribuição de Zubiri para uma abordagem crítico-sistemática da hermenêutica no contexto mais amplo e complexo da intelecção humana.

3 A modo de conclusão: práxis-intelecção-hermenêutica

A pretensão desta primeira parte do trabalho era retomar o debate sobre hermenêutica na filosofia em vista da discussão acerca do estatuto teórico da relação teologia-hermenêutica que é nosso objeto de investigação e que será desenvolvida na segunda parte do trabalho. É que, como indicamos na introdução, a determinação e explicitação dos termos da relação teologia-hermenêutica dependem da determinação e explicitação do estatuto teórico da hermenêutica enquanto atividade intelectiva.

Na discussão acerca do estatuto teórico da hermenêutica, começamos retomando a partir de Ricoeur o debate sobre hermenêutica na filosofia e explicitando seu *status quaestionis* (aproximação histórica). Em seguida, passamos a considerar a hermenêutica no contexto mais amplo da problemática da intelecção humana tal como foi compreendida e desenvolvida por Zubiri (aproximação crítico-sistemática).

A abordagem da hermenêutica no contexto mais amplo do debate sobre a intelecção humana que fizemos no segundo capítulo resultou em duas teses fundamentais: a hermenêutica é um momento do processo intelectivo e a intelecção é um momento da ação humana.

A primeira tese destaca o caráter complexo e processual da intelecção e situa a hermenêutica como um momento desse processo. Intelecção é "apreensão de realidade". Enquanto *apreensão* é um ato "sentiente". Enquanto apreensão de *realidade* é um ato intelectivo. É o que Zubiri chama "inteligência sentiente". Ela consiste formalmente em "mera atualidade" do inteligido na inteligência. Mas isso é um processo complexo e modalizado, no qual as coisas são apreendidas primordialmente "como realidade" (em e por si mesmas) e só na medida em que são apreendidas "como realidade" e fundado nessa apreensão podem ser apreendidas "na realidade" (em respectividade a outras coisas). É o que Zubiri chama "apreensão primordial de realidade" e "apreensões ulteriores". Enquanto interpretação ou compreensão de sentido, a hermenêutica aparece aqui como uma apreensão "posterior", uma vez que a apreensão do sentido de algo "na realidade" supõe e se funda na apreensão desse algo "como realidade". Em síntese: 1) Intelecção não consiste formalmente em *interpretação de sentido*, mas em *apreensão de realidade*; 2) a interpretação do *sentido* de algo é apenas um modo e um modo posterior de apreensão das coisas como *realidade*.

A segunda tese destaca o caráter de momento da própria intelecção em sua totalidade na ação/vida humana. Tendo considerado a complexidade do processo intelectivo em sua estrutura intrínseca (inteligência sentiente), em sua índole formal (mera atualidade do inteligido na intelecção) e em suas modalidades (apreensão primordial e apreensões ulteriores), é preciso compreendê-lo e situá-lo no processo mais amplo e complexo em que consiste a vida humana enquanto atividade constitutiva. Não existe a "inteligência" como algo em e por si que executa atos. A substantivação da inteligência como algo que executa atos faz parte do processo mais amplo de redução idealista da intelecção que se deu no Ocidente. Esse processo está intrinsecamente vinculado ao dualismo sentir X inteligir (logificação da inteligência) que, por sua vez, é inseparável do dualismo intelecção X ação (substantivação da inteligência). Por isso, não basta superar o primeiro dualismo em termos de "inteligência sentiente". Aliás, a superação desse primeiro dualismo implica, no sentido de supor e exigir, a superação do segundo dualismo, compreendendo a intelecção em sua totalidade como momento da ação humana. Um momento complexo e irredutível, mas *um* momento. Esse caráter de momento da intelecção é fundamental e decisivo na superação do idealismo intelectivo ocidental e na determinação do estatuto teórico da intelecção enquanto tal.

Com isto cremos oferecer um quadro teórico bastante amplo e consequente sobre a hermenêutica no contexto mais amplo da problemática da intelecção humana que será fundamental para a discussão acerca do estatuto teórico da relação teologia-hermenêutica: práxis-intelecção-hermenêutica. Trata-se certamente de *uma* abordagem possível da problemática, como seria com qualquer outra abordagem, mas de uma abordagem muito *razoável e convincente*, seja pela amplitude de seu horizonte, seja pelo nível de elaboração teórica, seja pelo rigor de sua formulação conceitual.

Importa agora enfrentar-nos com a problemática do estatuto teórico da relação teologia-hermenêutica que constitui propriamente nosso objeto de investigação. É o tema da segunda parte deste trabalho.

Segunda parte
A relação teologia-hermenêutica

Na primeira parte deste trabalho retomamos o debate sobre hermenêutica na filosofia moderno-contemporânea. Primeiro, numa aproximação histórica a partir de Paul Ricoeur, apresentando as diversas posições e esboçando o *status quaestionis* do debate sobre hermenêutica. Segundo, numa aproximação crítico-sistemática a partir de Xavier Zubiri, tratando da problemática da intelecção humana e discutindo o estatuto teórico da hermenêutica no contexto mais amplo do debate sobre a intelecção. Isso nos levou a tomar a hermenêutica como momento do processo intelectivo e situar a própria intelecção no contexto mais amplo da ação humana. E, assim, sem comprometer a especificidade e irredutibilidade da intelecção e de seu momento hermenêutico, superar os dualismos epistemológicos sentir X inteligir e intelecção X ação e expressar a unidade estrutural fundamental práxis-intelecção-hermenêutica.

Tomando como referência este quadro teórico-epistemológico, podemos nos enfrentar agora com a problemática da relação teologia-hermenêutica. Na verdade, conforme indicamos na introdução da primeira parte, a retomada do debate sobre hermenêutica na filosofia tinha por objetivo oferecer os pressupostos teóricos necessários para uma discussão mais consequente acerca do estatuto teórico da relação teologia-hermenêutica que é o objeto de estudo deste trabalho.

Mas, assim como o debate sobre hermenêutica na filosofia, também o debate sobre a relação teologia-hermenêutica é extremamente complexo, com o agravante de que aqui nem sempre se problematiza as concepções de hermenêutica e, sobretudo, os pressupostos teórico-epistemológicos dessas concepções no debate teológico. Não raramente, as concepções de hermenêutica assumidas no debate teológico são tomadas como algo evidente a ser transposto ou aplicado no âmbito da teologia.

Deixando de lado a concepção mais técnico-instrumental da hermenêutica comum a toda a tradição teológica, vamos abordar aqui duas concepções da relação teologia-hermenêutica: *teologia como hermenêutica* segundo Claude Geffré e *hermenêutica como momento do fazer teológico* a partir de Ignacio Ellacuría. Com isto, e em sintonia com o referencial teórico apresentado, queremos indicar e esboçar uma compreensão mais ampla e complexa da relação teologia-hermenêutica.

III

Teologia *como* hermenêutica segundo Claude Geffré

Teologia e hermenêutica estão muito mais implicadas do que parece. E tanto do ponto de vista de seu desenvolvimento histórico quanto do ponto de vista de seu estatuto teórico. A origem e o desenvolvimento da hermenêutica estão de tal modo vinculados à interpretação da Escritura e da Tradição da Igreja que, por mais que ela não se restrinja ao âmbito religioso e por mais diverso e complexo que seja seu desenvolvimento histórico e teórico, dificilmente pode ser separada e compreendida independentemente da teologia. Tampouco a origem e o desenvolvimento da teologia podem ser compreendidos independentemente da hermenêutica[159].

E isso que vale para a concepção mais técnico-instrumental da hermenêutica enquanto técnicas de interpretação de textos, comum a toda tradição teológica, vale também, em boa medida, para a concepção epistemológico-ontológica de hermenêutica, desenvolvida a partir do século XIX. De técnicas ou regras de interpretação de textos sagrados ou canônicos, jurídicos e clássicos, a hermenêutica vai se constituindo como teoria geral da arte de in-

159 Cf. CORETH, E. *Questões fundamentais de hermenêutica*. São Paulo: USP, 1973, p. 4-18. • RONDIN, J. *Hermenêutica*. São Paulo: Parábola, 2012, p. 17-21.

terpretação (Schleiermacher), como epistemologia das ciências do espírito (Dilthey), como modo de ser do homem enquanto *Dasein* (Heidegger), como consciência da historicidade fundamental de todo conhecimento (Gadamer), como explicação-compreensão de texto (Ricoeur). Noutras palavras: De instrumento ou momento da atividade intelectual, a hermenêutica vai adquirindo um sentido cada vez mais amplo, chegando mesmo a subsumir a totalidade do processo intelectivo e se tornar sinônimo de intelecção. E tudo isso vai repercutindo no fazer teológico, a ponto de não poucos teólogos compreenderem e definirem a teologia como hermenêutica e de se tornar cada vez mais comum falar de teologia como hermenêutica[160].

Sobretudo a partir da segunda metade do século XX foi se impondo no âmbito da teologia uma concepção de *intellectus* como hermenêutica e, com isso, uma concepção de teologia como hermenêutica. Isso se desenvolve primeiro nos estudos da Sagrada Escritura[161], inclusive nas instâncias oficiais da Igreja[162], mas, aos poucos, vai se difundindo e se impondo também na área da dogmática, de modo que a teologia em sua totalidade vai sendo cada vez mais compreendida como hermenêutica.

---

160 Cf. CORETH, E. *Questões fundamentais de hermenêutica*. Op. cit., p. 9-18. • PANNENBERG, W. *Wissenschaftstheorie und Theologie*. Frankfurt am Main: Suhrkamp, 1987, p. 74-224. • SCHILEBEECKX, E. *Soy um teologo feliz* – Entrevista con Francesco Strazzari. Madri: Sociedad de Educación Atenas, 1994, p. 71-73. • SCHILEBEECKX, E. *História humana*: Revelação de Deus. São Paulo: Paulus, 1994, p. 34-41. • GIBELINI, R. "Teologia hermenêutica". In: *A teologia do século XX*. São Paulo: Loyola, 1998, p. 57-81. • GUTIÉRREZ, J.A.N. & MEDINA, G.A.S. "La racionalidad hermenéutica en teología". In: BUSTAMANTE, G.B.; MORALES, D.M.; GUTIÉRREZ, J.A.N. & MEDINA, G.A.S. *Los métodos en teología*. Bogotá: Pontifícia Universidad Javeriana, 2007, p. 103-129. • OLIVEIRA, P.R.F. "A fé no risco da interpretação: Entre filosofia e teologia". In: *Revista de Teologia e Ciências da Religião da Unicap*, 8/2, 2009, p. 51-72.

161 Cf. nota 2. • CROATO, S. *Hermenêutica bíblica*. São Paulo: Paulinas, 1986.

162 Cf. PONTIFÍCIA COMISSÃO BÍBLICA. *A interpretação da Bíblia na Igreja*. São Paulo: Paulinas, 2000, p. 87-102.

É verdade que, mesmo quando se assume positivamente as novas perspectivas hermenêuticas na teologia, nem sempre se identifica (no sentido de reduzir) o fazer teológico com hermenêutica: nem no estudo da Sagrada Escritura[163], nem no conjunto do fazer teológico[164]. Mas essa compreensão instrumental e/ou dimensional da hermenêutica no fazer teológico é cada vez mais rara e mesmo estranha nos debates contemporâneos acerca da teologia e do teologizar. Em geral, parte-se do princípio, como algo evidente que dispensa maiores problematizações e debates, de que teologia é hermenêutica. Quando muito, e com raras exceções, procura-se explicitar a tese da teologia como hermenêutica a partir de e em diálogo com as concepções hermenêuticas de intelecção sem maiores problematizações dessas concepções assumidas na teologia.

Uma das referências mais importantes e fundamentais na compreensão da teologia como hermenêutica é certamente o teólogo dominicano francês Claude Geffré[165]. Além de assumir essa compreensão da teologia, dedica-se por longos anos à sua formulação e justificação teórica[166]. A seu nome está vinculada a tese da "virada hermenêutica da teologia", expressão que aparece inclusive como

163 Cf. ibid.

164 Cf. BOFF, C. *Teoria e prática*: Teologia do político e suas mediações. Petrópolis: Vozes, 1993, p. 238-243. • BOFF, C. *Teoria do método teológico*. Petrópolis: Vozes, 1998, p. 85-89. • ELLACURÍA, I. "Hacia una fundamentación del método teológico latino-americano". In: *Escritos Teológicos I*. São Salvador: UCA, 2000, p. 187-218.

165 Cf. PANASIEWICZ, R. *Pluralismo religioso contemporâneo*: Diálogo inter-religioso na teologia de Claude Geffré. São Paulo: Paulinas, 2007. • SILVA, C.A. "Crer, compreender e interpretar: Claude Geffré e a desconstrução crítica do cristianismo". In: *Revista de Teologia e Ciências da Religião da Unicap*, 8/2, 2009, p. 35-47.

166 Cf. GEFFRÉ, C. "Sentido e não sentido de uma teologia não metafísica". In: *Concilium*, 76, 1972, p. 783-793. • GEFFRÉ, C. *Como fazer teologia hoje*: Hermenêutica teológica. São Paulo: Paulinas, 1989. • GEFFRÉ, C. *Crer e interpretar*: A virada hermenêutica da teologia. Petrópolis: Vozes, 2004. • GEFFRÉ, C. "A Teologia Fundamental como hermenêutica". In: *Revista de Teologia e Ciências da Religião da Unicap*, 8/2, 2009, p. 9-33.

subtítulo de uma de suas obras dedicadas à compreensão da teologia como hermenêutica.

Não vamos fazer aqui um estudo amplo e profundo de sua vasta obra. Nem no que se refere aos diversos temas abordados, nem sequer no que diz respeito à problemática da teologia como hermenêutica, que é o objeto de nossa investigação. Queremos simplesmente esboçar e problematizar sua compreensão de teologia. Para isso, apresentaremos sua tese da "virada hermenêutica da teologia", indicaremos os pressupostos teóricos e as implicações teológicas dessa tese e discutiremos alguns pontos que nos parecem problemáticos e/ou não suficientemente elaborados.

1 "A virada hermenêutica da teologia"

Conforme indicamos acima, Geffré não simplesmente assumiu uma concepção hermenêutica da teologia e falou da teologia como hermenêutica, como tantos outros teólogos protestantes e católicos, mas problematizou, tematizou e justificou, teórica e teologicamente, essa tese, tornando-se, por isso mesmo, uma referência fundamental e obrigatória para a compreensão e para o debate da teologia como hermenêutica.

Seu projeto já aparece esboçado em 1972 na obra *Uma nova era da teologia*[167]. Vai se desenvolvendo nas décadas seguintes e aparece consolidado nas obras *O cristianismo sob o risco da interpretação* (1983)[168] e *Crer e interpretar: a virada hermenêutica da teologia* (2001)[169]. Se na obra de 1983 ele "já havia traçado as linhas gerais de um programa de teologia hermenêutica", na obra de 2001 chega mesmo a falar de "virada hermenêutica da teologia", indicando com

167 Cf. GEFFRÉ, C. *Un nouvel âge de la théologie*. Paris: Cerf, 1972.

168 Cf. GEFFRÉ, C. *Como fazer teologia hoje*: Hermenêutica teológica. Op. cit.

169 Cf. GEFFRÉ, C. *Crer e interpretar*: A virada hermenêutica da teologia. Op. cit.

isso que "uma teologia de orientação hermenêutica não é uma corrente teológica entre outras, mas o próprio destino da razão teológica no contexto do pensamento contemporâneo"[170].

Ao falar de "uma nova era da teologia" – ligada ao que Greisch denominou "a era hermenêutica da razão"[171] – ou de uma "virada hermenêutica da teologia", Geffré quer indicar e caracterizar o "deslocamento"[172] ou a "virada"[173] que se deu na teologia na segunda metade do século XX e que levou a "um novo paradigma, um novo modelo, uma nova maneira de fazer teologia"[174]: "teologia como hermenêutica".

Esse "descolamento" ou essa "virada" na teologia foi formulado por ele em termos de "passagem de uma teologia como saber constituído para uma teologia como interpretação plural" ou "passagem da teologia dogmática para a teologia como hermenêutica"[175] ou, mais precisamente, "passagem do modelo dogmático para o modelo hermenêutico"[176]. As expressões "dogmática" e "hermenêutica" são tomadas aqui como "indício" de "duas tendências diferentes" ou "dois paradigmas do trabalho teológico"[177].

A tendência ou o paradigma "dogmático" dominou a teologia católica do Concílio de Trento ao Concílio Vaticano II[178] e é comumente designado como "teologia da Contrarreforma"[179]. O termo

---

170 Ibid., p. 23.

171 Cf. GREISCH, J. *L'âge herméneutique de la raison*. Paris: Cerf, 1985. • GEFFRÉ, C. "A Teologia Fundamental como hermenêutica". Op. cit., p. 10.

172 GEFFRÉ, C. *Como fazer teologia hoje*: Hermenêutica teológica. Op. cit., p. 17.

173 GEFFRÉ, C. *Crer e interpretar*: A virada hermenêutica da teologia. Op. cit.

174 Ibid., p. 29.

175 GEFFRÉ, C. *Como fazer teologia hoje*: Hermenêutica teológica. Op. cit., p. 17.

176 Ibid., p. 64.

177 Ibid., p. 63.

178 Cf. ibid., p. 65. • GEFFRÉ, C. *Crer e interpretar*: A virada hermenêutica da teologia. Op. cit., p. 35. • GEFFRÉ, C. "A Teologia Fundamental como hermenêutica". Op. cit., p. 13.

179 GEFFRÉ, C. *Como fazer teologia hoje*: Hermenêutica teológica. Op. cit., p. 67.

"dogmático" não é tomado aqui no sentido objetivo/positivo de dogma ou verdade fundamental da fé, mas quer indicar "o uso 'dogmaticista' da teologia, isto é, a pretensão de apresentar as verdades da fé de maneira autoritária [...] sem nenhuma preocupação com a verificação crítica concernente à verdade testemunhada pela Igreja"[180]. Nesse sentido, para evitar ambiguidades e por precisão conceitual, é preferível falar de um "modelo dogmaticista" de teologia[181]. Esse modelo, presente nos "manuais clássicos usados nos seminários", partia do "enunciado de uma *tese* de fé". Depois vinham "a *explicação*, na qual se aduziam as decisões oficiais do magistério" e "a *prova*, citando-se a Escritura, os Padres e alguns teólogos". E concluía rejeitando "as teses opostas, especialmente as da Reforma"[182]. Importante destacar que neste modelo o "ponto de partida" que funciona como "princípio primeiro" do trabalho teológico é sempre o "ensinamento atual do magistério" que acaba desempenhando "o papel de princípio hermenêutico exclusivo, fazendo uma *seleção* entre as escrituras anteriores" e levando a uma "*exclusão* das opiniões contrárias"[183]. Dessa forma, "a teologia dogmática se definia como um comentário fiel do dogma [...] e a Escritura entrava apenas a título de prova do que já estava estabelecido". Estamos diante de um "sistema *autoritário*", no qual "a autoridade do magistério praticamente substituía a autoridade da Escritura" e a teologia se tornava o "reflexo fiel da Igreja-instituição", restringindo-se a "reproduzir, legitimando-o, o ensinamento oficial da instância hierárquica" e comprometendo sua "função crítica e mesmo profética em relação àqueles que detêm o poder de definir e interpretar"[184]. O perigo desse modelo teológico,

180 Ibid., p. 63.

181 GEFFRÉ, C. *Crer e interpretar*: A virada hermenêutica da teologia. Op. cit., p. 35, 50. • GEFFRÉ, C. "A Teologia Fundamental como hermenêutica". Op. cit., p. 13.

182 GEFFRÉ, C. *Como fazer teologia hoje*: Hermenêutica teológica. Op. cit., p. 65.

183 Ibid., p. 65s.

184 Ibid., p. 66s.

diz Geffré, é que "a relação com a verdade da mensagem seja determinada pela relação com a instituição hierárquica", transformando a teologia em "ideologia a serviço do poder dominante na Igreja"[185].

A tendência ou o paradigma "hermenêutico", em contraposição ao modelo anterior, caracteriza-se por levar a sério "a historicidade de toda verdade, mesmo que seja a verdade revelada, como também a historicidade do homem enquanto sujeito interpretante" e pelo esforço por "atualizar para hoje o sentido da mensagem cristã"[186]. Mas assim como o "uso 'dogmaticista' da teologia" não pode ser identificado com o dogma ou com a verdade fundamental da fé, tampouco a superação desse "modelo dogmaticista" pode ser tomada como rejeição ou negação do conteúdo dogmático da fé. Geffré insistiu várias vezes que uma teologia hermenêutica não é uma teologia "adogmática" que rejeita ou nega o conteúdo dogmático da fé: "julgando certo dogmatismo, não contesto em nada os direitos e a validade permanente da teologia dogmática"[187]; "dizer que a teologia contemporânea se compreende como hermenêutica não significa que ela se tornou *adogmática*"[188]; "se ela contesta o uso *dogmaticista* de certa teologia escolástica, não pretende pôr em causa a legitimidade da teologia dogmática como exposição rigorosa das verdades da fé"[189]. Simplesmente leva a sério a historicidade fundamental dos conteúdos dogmáticos da fé, bem como a historicidade de sua intepretação. Na obra de 1983, Geffré apresenta em forma de teses ou proposições os "traços mais característicos" desse modelo teológico: 1) Seu "ponto de partida [...] não é um conjunto de proposições imutáveis de fé, mas a pluralidade das escrituras compreendidas dentro do campo hermenêutico aberto pelo evento

185 Ibid., p. 67.

186 Ibid., p. 68.

187 Ibid., p. 10.

188 Ibid., p. 68.

189 Ibid., p. 87.

Jesus Cristo"; 2) O "*intellectus fidei*" não é entendido aqui como "ato da razão especulativa no sentido clássico do pensamento metafísico", mas como um "compreender histórico", no qual "a compreensão do passado [é] inseparável [da] interpretação de si e [da] atualização criativa voltada para o futuro"; 3) Ele "não se contenta em expor e explicar os dogmas imutáveis da fé", mas "procura manifestar a significação sempre atual da Palavra de Deus [...] em função das novas experiências da Igreja e do homem de hoje"; 4) Seu dinamismo remete a uma "circum-incessão incessante entre a Escritura e a Tradição, que continuam sendo os lugares privilegiados de toda teologia"[190].

Por mais caricaturescos que sejam os esboços desses modelos teológicos, apontam para duas "tendências" ou dois "paradigmas" do fazer teológico, não apenas irredutíveis um ao outro, mas, sob muitos aspectos, conflitantes ou mesmo contrapostos. De modo que a "passagem" ou "virada" de um modelo para o outro representa uma verdadeira "ruptura epistemológica"[191] e/ou "revolução epistemológica"[192], a ponto de Geffré falar de "virada hermenêutica da teologia".

2 Pressupostos teóricos e implicações teológicas

Para se compreender o verdadeiro significado da "virada hermenêutica da teologia" é preciso levar em conta tanto seus condicionamentos históricos e seus pressupostos teóricos quanto suas implicações teológicas. Sem isso não se capta a dimensão e o sentido teórico-teológico dessa "virada" na teologia.

---

190 Ibid., p. 68-70.

191 GEFFRÉ, C. *Crer e interpretar*: A virada hermenêutica da teologia. Op. cit., p. 23s.

192 GEFFRÉ, C. *Como fazer teologia hoje*: Hermenêutica teológica. Op. cit., p. 63.

2.1 *Pressupostos teóricos*

Segundo Geffré, a "virada hermenêutica da teologia" está profundamente vinculada ao que Jean Greisch denomina "a era hermenêutica da razão" que, por sua vez, é indissociável do que se pode chamar "virada linguística" do pensar. Ela só pode ser compreendida "em relação à nossa cultura e mais precisamente em relação a um certo devir da razão filosófica [...] que toma distância tanto em relação à ontologia clássica como em relação a filosofias do sujeito ou filosofias da consciência, para considerar o ser em sua realidade linguística"[193]. Está em jogo aqui a compreensão mesma de *intellectus*. E a expressão "virada hermenêutica da teologia" assume/indica, no âmbito do fazer teológico, a "passagem" ou a "virada" de uma compreensão de *intellectus* como "razão especulativa, no sentido aristotélico da palavra" para uma compreensão de *intellectus* como "um compreender histórico" ou um "ato de compreensão hermenêutica" que leva a sério o fato de que "não há conhecimento do passado sem pré-compreensão e sem interpretação viva de si mesmo"[194]. No fundo, ela procura responder à pergunta sobre "o que vem a ser a razão teológica" num contexto de "ruptura" com a "antiga metafísica" e com as "filosofias do sujeito" e em que a filosofia "tende a tornar-se cada vez mais uma filosofia da linguagem"[195].

É fato que "durante séculos a razão teológica foi identificada com a razão especulativa, a *ratio* compreendida no sentido aristotélico do conhecimento teórico"[196]. Esse modelo teológico que tem em Tomás de Aquino sua expressão mais acabada e refinada e que se tornou clássico na teologia católica – embora seja sempre impor-

193 GEFFRÉ, C. *Crer e interpretar*: A virada hermenêutica da teologia. Op. cit., p. 30. Cf. GEFFRÉ, C. "A Teologia Fundamental como hermenêutica". Op. cit., p. 10.

194 GEFFRÉ, C. *Crer e interpretar*: A virada hermenêutica da teologia. Op. cit., p. 24.

195 Ibid., p. 30.

196 Ibid., p. 31.

tante distinguir entre a teologia de Tomás de Aquino e as chamadas teologias tomistas – toma como "ponto de partida" a compreensão aristotélica de ciência, isto é, "uma ciência que procede a partir de princípios necessários ou de axiomas que a razão percebe imediatamente"[197]. Para Geffré, "a genialidade de Tomás de Aquino está em ter identificado as verdades fundamentais da mensagem cristã, a saber, os artigos de fé, com aquilo que chamamos *primeiros princípios* no sentido aristotélico" e, dessa forma, "mostrar como a teologia verifica os critérios da ciência aristotélica"[198].

Ora, na medida em que essa concepção clássica de saber/conhecimento entra em crise, o modelo teológico desenvolvido segundo os cânones dessa concepção de ciência também entra em crise. A crise da metafísica vai significar/implicar, portanto, a crise da teologia metafísica[199]. E é precisamente isso que acontecerá na modernidade com a "passagem" ou "virada" de "uma compreensão ainda axiomática para uma compreensão empírica e histórica da ciência, que se define pela experimentação" e que tem como "objeto" de investigação "não a verdade eterna, mas a história e o conjunto dos fenômenos"[200]. Nesse contexto, "a teologia tende a ser compreendida não simplesmente como um discurso sobre Deus, mas como um discurso que reflete sobre a linguagem sobre Deus, um discurso sobre uma linguagem que fala humanamente de Deus"[201].

Isso não significa negação pura e simples da ontologia. Enquanto "discurso que tem por objeto um discurso sobre Deus", a teologia "não deve praticar um completo 'colocar entre parênteses' a questão de Deus, o que é o caso hoje de muitas filosofias da religião, filoso-

197 Ibid., p. 32. • GEFFRÉ, C. "A Teologia Fundamental como hermenêutica". Op. cit., p. 12.

198 GEFFRÉ, C. *Crer e interpretar*: A virada hermenêutica da teologia. Op. cit., p. 32.

199 Cf. GEFFRÉ, C. "Sentido e não sentido de uma teologia não metafísica". Op. cit.

200 Ibid. Cf. GEFFRÉ, C. "A Teologia Fundamental como hermenêutica". Op. cit., p. 12.

201 GEFFRÉ, C. *Crer e interpretar*: A virada hermenêutica da teologia. Op. cit., p. 32s.

fias anglo-saxônicas em particular"[202]. Ela "não renuncia à dimensão ontológica dos enunciados teológicos", mas, resguardando-se das "armadilhas da representação conceitual própria ao pensamento metafísico", busca "tomar a sério a ontologia da linguagem na linha do segundo Heidegger e do segundo Ricoeur", na qual a linguagem, antes de ser "instrumento do pensamento e da comunicação", é um "*dizer*" ou uma "ostentação" do mundo [203]. É a "função *ontofônica* da linguagem, isto é, sua manifestação de ser"[204]. Como lembra Ricoeur, "a ontologia não se esgota em uma metafísica da substância. Há uma ontologia do agir e da linguagem"[205].

Em todo caso, estamos diante de uma mudança ou "virada" radical no estatuto científico da teologia: da teologia como ciência metafísica no sentido aristotélico (razão especulativa) para a teologia como ciência histórica ou hermenêutica no sentido de Heidegger, Gadamer e Ricoeur (compreender histórico). Trata-se de um processo lento e tenso, no qual se pode identificar alguns momentos ou pontos cruciais: "O primeiro abalo [...] foi provocado pela irrupção dos métodos históricos no saber eclesiástico"[206]. Um abalo ainda maior foi provocado pelas "teorias analíticas do neopositivismo lógico"[207], segundo as quais "as proposições metafísicas são destituídas de significado", de modo que "o problema não é mais [apenas] o da *validade* dos enunciados metafísicos ou teológicos, mas [mais radicalmente] de sua *significação*"[208]. Num sentido completamente diferente ou mesmo contrário, mas não menos radical, estão "a crítica heideggeriana da onto-teo-logia como essência ocul-

202 Ibid., p. 33s.

203 Ibid., p. 38.

204 Ibid., p. 39.

205 GEFFRÉ, C. "A Teologia Fundamental como hermenêutica". Op. cit., p. 14.

206 GEFFRÉ, C. *Como fazer teologia hoje*: Hermenêutica teológica. Op. cit., p. 70.

207 Cf. ibid., p. 73.

208 GEFFRÉ, C. "Sentido e não sentido de uma teologia não metafísica". Op. cit., p. 784.

ta da metafísica ocidental" e raiz ou fundamento da "morte cultural de Deus concebido como objeto"[209] e a problematização do "nexo entre problema da verdade e enunciado"[210].

Ao mesmo tempo em que esses movimentos (historicismo, neopositivismo lógico, ontologia heideggeriana) foram pondo em crise a concepção metafísica de ciência que sustentava a concepção clássica de teologia, possibilitaram o desenvolvimento de uma ciência histórico-hermenêutica que está na base/origem da "virada hermenêutica da teologia". Também aqui se pode identificar alguns momentos ou pontos cruciais. Já no âmbito da filosofia analítica, inspirados no último Wittgenstein e sua teoria dos "jogos de linguagem", muitos filósofos "recusam a estreiteza do 'princípio de verificação'" e reconhecem que "há afirmações totalmente significativas", embora "não possam ser verificadas empiricamente", como é o caso da "linguagem religiosa"[211]. Por outro lado, a filosofia hermenêutica pôs em "discussão" as "pretensões do saber histórico no sentido do positivismo" e mostrou que "não pode haver reconstituição do passado sem interpretação viva condicionada pela minha situação presente"[212]. Aos poucos vai se consolidando uma "nova epistemologia", marcada pela "contestação da verdade como *adaequatio*" – comum à metafisica clássica e ao historicismo – e pela afirmação da "historicidade radical de toda verdade"[213]. E, assim, a nova ciência e, ligada a ela, a nova teologia vão se constituindo como um saber fundamentalmente histórico-hermenêutico.

Mas o debate não para por aí. Também essa concepção de saber tem sido alvo de críticas profundas e radicais. Tornou-se cada

209 Ibid., p. 786.

210 GEFFRÉ, C. *Como fazer teologia hoje*: Hermenêutica teológica. Op. cit., p. 74.

211 GEFFRÉ, C. "Sentido e não sentido de uma teologia não metafísica". Op. cit., p. 785.

212 GEFFRÉ, C. *Como fazer teologia hoje*: Hermenêutica teológica. Op. cit., p. 20.

213 Cf. ibid., p. 73-76.

vez mais comum falar de "crise da hermenêutica". E isso, diz Geffré, tem consequências decisivas para a teologia, pois "se formos até o fim no questionamento radical da hermenêutica, o exercício do ato teológico se tornará impossível"[214]. Para ele, a contestação radical da hermenêutica se dá em duas direções. Por um lado, "a contestação alemã da hermenêutica em nome da 'teoria crítica das ideologias'"[215]. Trata-se da crítica de Habermas ao projeto hermenêutico de Gadamer. Para Habermas, além de não levar a sério a exigência moderna de "reflexão crítica" no "campo hermenêutico", conduzindo a um "imperialismo não criticado da tradição", a hermenêutica de Gadamer "ainda tem uma concepção idealista do saber humano" na medida em que "privilegia certa transparência da relação inter-humana e é incapaz de desmascarar as relações de força e mesmo de violência inscritas na tradição que as carrega"[216]. Por outro lado, está a crítica ligada à ideologia estruturalista, muito presente no mundo francês, do projeto hermenêutico como "expressão do pensamento metafísico"[217]. Ele permaneceria marcado pela busca de um "inteligível permanente", da "inteligibilidade do ser", da "continuidade de sentido" e, assim, "congenitalmente ligado ao movimento da metafísica". Essa contestação é comum a todos os que "fazem hoje o processo do *logocentrismo* e se empenham na *demolição* da metafísica" em favor da "gramatologia"[218] – na expressão de Jacques Derrida, seu principal representante.

Certamente, essas contestações provocaram uma "crise da hermenêutica" e da teologia hermenêutica. Não se pode mais falar de hermenêutica e de teologia hermenêutica sem considerar seriamente as críticas estruturalista e ideológica à hermenêutica filosófica

214 Ibid., p. 32.

215 Ibid.

216 Ibid., p. 33s.

217 Ibid., p. 32.

218 Ibid., p. 31.

de Schleiermacher, Dilthey, Heidegger e Gadamer. Mas isso não significa o fim da hermenêutica. Significa simplesmente que a hermenêutica não pode prescindir da mediação estrutural e da crítica ideológica do pensar. E Paul Ricoeur captou e desenvolveu bem isso, provocando um verdadeiro "deslocamento da hermenêutica". Sua posição pode ser sintetizada em três pontos fundamentais:

1) *Superação da oposição entre "explicar" e "compreender"*. Ricoeur mantém distância "tanto diante da hermenêutica romântica e psicologizante [...] como diante do estruturalismo", procurando "ultrapassar o dilema entre a *distância*, ligada à objetividade do texto, e a *proximidade* ou a *pertinência*, ligada à compreensão histórica" e, assim, "escapar à alternativa que ainda está presente no próprio título da obra de Gadamer: verdade *e* método". Dessa forma, abre uma "nova época da hermenêutica", na qual "a explicação é o caminho obrigatório da compreensão"[219].

2) *A mediação do texto*. A distinção saussureana entre a "linguagem como língua" e a "linguagem como palavra" permite a Ricoeur superar o reducionismo estruturalista da linguagem e recuperar sua dimensão semântica. O "evento da palavra" só existe no nível do "discurso" que remete sempre "a um locutor e a um destinatário" e é sempre "mensagem a respeito de alguma coisa". O "discurso" ("palavra viva", "escritura", "obra literária") faz advir um "mundo" – o "mundo do texto" – que tem "vida própria"[220]. E é isso que "deve ser interpretado": "A coisa do texto é o que deve ser interpretado. E a coisa do texto é o mundo que o texto desdobra diante de si"[221].

3) *A apropriação do texto e a compreensão de si*. A noção de "mundo do texto" tem consequências também para o problema da "apropriação subjetiva do texto pelo autor". Na medida em que o

219 Ibid., p. 48-49.

220 Ibid., p. 50.

221 Ibid., p. 51.

que se deve compreender é uma "proposição de mundo" que "não está *atrás* do texto, como estaria uma intensão oculta, mas *diante* dele, como o que a obra desdobra, descobre, revela", diz Ricoeur, "compreender é compreender-se diante do texto"[222]. Isso leva a romper com as "ilusões da consciência imediata de si" e a reconhecer que "o homem só se compreende se aceitar seguir o longo desvio dos diversos sinais de humanidade depositados nas objetivações das culturas"[223].

Temos aqui esboçado o contexto histórico e os pressupostos teóricos do que Geffré chama "virada hermenêutica da teologia". Ela só pode ser compreendida adequadamente no contexto mais amplo do que poderíamos chamar "virada hermenêutica da razão" em sua ruptura com a "razão especulativa" no sentido aristotélico e com as "filosofias do sujeito ou da consciência" e em sua superação, com Paul Ricoeur, da "crise da hermenêutica", provocada pela ideologia estruturalista pela crítica das ideologias, mediante a noção de "mundo do texto". Importa perceber e destacar que o processo de *identificação* da razão com a hermenêutica leva Geffré a "*identificar* a razão teológica com uma razão hermenêutica"[224].

2.2 Implicações teológicas

Com a expressão "virada hermenêutica da teologia", Geffré indica a profunda convicção de que "uma teologia de orientação hermenêutica não é uma corrente teológica entre outras, mas o próprio destino da razão teológica no contexto do pensável contemporâneo"[225]. E isso tem muitas consequências para a teologia e para o teologizar que é preciso explicitar. Produz "deslocamentos" impor-

222 Ibid., p. 52.

223 Ibid., p. 53.

224 Cf. GEFFRÉ, C. "A Teologia Fundamental como hermenêutica". Op. cit., p. 11, 12, 14, 25.

225 GEFFRÉ, C. *Crer e interpretar*: A virada hermenêutica da teologia. Op. cit., p. 23.

tantes tanto no que diz respeito ao "objeto" e ao ponto de partida da teologia quanto no que diz respeito à leitura da Escritura, à releitura da Tradição e à relação com a práxis.

2.2.1 "Objeto" e ponto de partida da teologia

A "virada" de uma "razão especulativa" para uma "razão hermenêutica" repercute antes de tudo na determinação do "objeto" e do ponto de partida da ciência. "Seu objeto não é a verdade eterna, mas a história e o conjunto dos fenômenos"[226]. E na medida em que "não há apreensão ou acesso imediato à realidade fora da linguagem e a linguagem já é necessariamente uma certa interpretação", todo conhecimento se constitui em sentido estrito como "conhecimento interpretativo"[227].

Nesse contexto, "a teologia tende a se compreender não mais como um discurso imediato sobre Deus, mas como um discurso sobre a linguagem que fala humanamente de Deus", isto é, "um discurso que se debruça sobre um discurso sobre Deus"[228]. Seu "objeto imediato", diz Geffré, "não será [mais] uma série de enunciados dogmáticos dos quais busco a inteligibilidade, mas o conjunto de textos compreendidos no campo hermenêutico da Revelação"[229]. E, assim, a teologia "se guardará das armadilhas da representação conceitual [...] para seguir o caminho mais modesto e mais arriscado da interpretação que procede por aproximações sucessivas", o que implicará uma concepção de verdade que é "menos da ordem da adequação entre o julgamento da inteligência e a realidade, que da ordem da atestação e ainda da interpretação

226 Ibid., p. 32.

227 Ibid., p. 33.

228 GEFFRÉ, C. "A Teologia Fundamental como hermenêutica". Op. cit., p. 12.

229 Ibid., p. 14.

incoativa da plenitude de verdade que coincide com o mistério da revelação divina"[230].

Noutras palavras: "Adotar um modelo hermenêutico em teologia é sempre tomar como ponto de partida um texto: as Escrituras fundantes do cristianismo e as releituras destas feitas ao longo de toda a tradição eclesial"[231] e estabelecer uma "correlação crítica entre a experiência cristã da primeira comunidade cristã e nossa experiência histórica contemporânea"[232], levando a uma "atualização da experiência cristã fundamental da Revelação", o que implica um discernimento entre "as estruturas constantes da experiência cristã fundamental e os esquemas de pensamento"[233]. Está em jogo aqui o "diálogo de um leitor com o texto", no qual "não posso dissociar o aprofundamento do conteúdo da experiência cristã em sua expressão múltipla e o estudo mais rigoroso de nossa experiência histórica"[234]. A teologia "vive de uma anterioridade" (história do cristianismo) e "está sempre em devir" (passado – presente)[235]. Constitui-se como um "fenômeno de escritura" ou, mais precisamente, como fenômeno de "reescritura" em diferentes épocas e contextos a partir de "escrituras anteriores"[236].

2.2.2 Leitura da Escritura

Uma teologia hermenêutica no sentido da "hermenêutica textual" de Paul Ricoeur, centrada na interpretação do "mundo do texto", produz deslocamentos importantes na compreensão dos textos

230 Ibid.

231 Ibid., p. 13.

232 Ibid., p. 15.

233 Ibid., p. 16.

234 GEFFRÉ, C. *Crer e interpretar*: A virada hermenêutica da teologia. Op. cit., p. 42.

235 GEFFRÉ, C. *Como fazer teologia hoje*: Hermenêutica teológica. Op. cit., p. 55.

236 Ibid., p. 64s.

fundantes do cristianismo. Ela "quer ultrapassar a pretensa transparência do sujeito a si mesmo e busca uma compreensão de si mesmo que seja mediada por sinais, símbolos, textos narrativos", tomando distância "tanto em relação aos preconceitos ou ilusões positivistas de uma objetividade textual como em relação à ilusão romântica de uma congenialidade entre o leitor de hoje e o autor de um texto do passado"[237]. Para Ricoeur, "compreender-se é compreender-se diante do texto e receber dele as condições de um outro eu que aquele que vem à leitura"[238]. E isso tem muitas consequências para a interpretação da Escritura[239].

Em primeiro lugar, uma hermenêutica centrada no "mundo do texto" e não no "querer dizer do autor" ajuda-nos a "ultrapassar uma concepção um pouco imaginária da Revelação identificada com a inspiração concebida como insuflação de sentido por um autor divino". Ela nos faz "levar a sério as *formas de discurso* propostas pela análise estrutural e compreender que os *conteúdos da fé de Israel* estão sempre estreitamente ligados às formas ou gêneros literários próprios da Bíblia Hebraica" (grifo nosso). Em sua própria "feitura textual", a Bíblia aparece como "reveladora de um mundo", isto é, ela abre um "ser novo em relação à minha existência ordinária do mundo", engendra uma "nova possibilidade que é a fé e com ela a vontade de fazer existir um mundo novo". De modo que "entre as *formas do discurso* e a *compreensão de si do leitor* é que se dá a abertura do *mundo do texto*" (grifo nosso)[240].

Em segundo lugar, diz Gefrré, "uma hermenêutica centrada no mundo do texto respeita melhor o equilíbrio entre palavra e escritura" frente à "tentação da teologia moderna" de "engrandecer a

237 GEFFRÉ, C. *Crer e interpretar*: A virada hermenêutica da teologia. Op. cit., p. 44.

238 Ibid., p. 45.

239 Cf. ibid., p. 45-49. GEFFRÉ, C. "A Teologia Fundamental como hermenêutica". Op. cit., p. 18-20.

240 Ibid., p. 18.

Palavra de Deus" e esquecer a "situação hermenêutica da primeira comunidade cristã". Na verdade, "a relação 'palavra-escritura' é constitutiva daquilo que chamamos de querigma primitivo". Ele tem um "papel mediador" entre o Antigo e o Novo testamentos que, por sua vez, constitui-se como mediação entre "a pregação da primeira comunidade cristã e a pregação da Igreja hoje"[241]. Frente à tentação ou obsessão fundamentalista de chegar a uma "palavra original" de Deus, somos obrigados a reconhecer que a "Palavra de Deus" é sempre mediada por "textos" ou "escrituras" que já são uma intepretação. De modo que "o trabalho do hermeneuta é interpretar uma interpretação"[242].

Em terceiro lugar, e vinculado ao que se disse anteriormente, a hermenêutica textual de Ricoeur mantém a "tensão entre as ciências da linguagem e a compreensão propriamente hermenêutica". Supera a clássica oposição entre explicação e compreensão, procurando "conciliar as exigências da narratividade como forma de expressão da estrutura do relato com as exigências da hermenêutica como manifestação do sentido" e mostrando como "explicar mais é compreender melhor". Nesse sentido, vai se opor à corrente exegética que "contesta a postura hermenêutica e pretende fixar-se no sentido literal do texto contra toda reconstrução do texto", sem com isso ceder à tentação romântica e abrir mão de uma "leitura instruída pela exegese histórico-crítica"[243]. O mérito maior de Ricoeur é mostrar como "palavra e escritura", "explicação e compreensão", "exegese e hermenêutica" se implicam mutuamente.

---

241 Ibidem, p. 19.

242 GEFFRÉ, C. *Crer e interpretar*: A virada hermenêutica da teologia. Op. cit., p. 44. • Ibid., p. 48.

243 GEFFRÉ, C. "A Teologia Fundamental como hermenêutica". Op. cit., p. 19.

2.2.3 Releitura da tradição

Em boa medida, o conflito entre teólogos e magistério pode ser atribuído a uma "oposição entre uma leitura histórica e uma leitura dogmática [dogmaticista] da Escritura"[244], isto é, remete a "duas leituras históricas diferentes" da tradição. Geffré insiste em que é possível "fazer uma leitura de fé de documentos históricos sem cair numa leitura [...] *dogmaticista*, isto é, uma leitura não crítica que busca apenas na Escritura e na tradição apoios textuais, força de autoridade para confirmar uma posição [...] já tomada". Para ele, a tarefa de uma hermenêutica teológica consiste precisamente em "discernir a experiência histórica subjacente a algumas formulações teológicas e que foram mais tarde consagradas por definições dogmáticas". É o aspecto crítico da hermenêutica que se interroga sobre as "condições de produção dos textos do passado" – o que ele chama de "hermenêutica crítica" ou "hermenêutica da suspeita"[245]. Noutras palavras, "trata-se de desvendar os pressupostos conscientes ou inconscientes das interpretações históricas dominantes e de desmascarar os interesses em jogo que condicionaram a produção deste ou daquele discurso eclesial"[246].

Mas isso não é suficiente. Não basta uma leitura crítica dos textos do passado. "É preciso empreender o mesmo trabalho crítico a respeito de nossas hierarquias de valores espontâneos hoje" e de sua "função ideologizante", quer se trate do "poder central" ou de "grupos ditos minoritários" ou de "grupos de oposição"[247]. Certamente, pode-se "partir das formulações dogmáticas ulteriores para reler a Escritura". A Escritura deve ser lida em tradição... Mas "é preciso saber praticar a operação inversa, isto é, reler de maneira crítica a

---

244 GEFFRÉ, C. *Crer e interpretar*: A virada hermenêutica da teologia. Op. cit., p. 49.

245 Ibid., p. 50.

246 Ibid., p. 51.

247 Ibid.

tradição, sobretudo aquela que deu origem a sistemas teológicos e resultou em formulações dogmáticas". Trata-se, aqui, sobretudo, de "reler as definições dogmáticas à luz dos resultados menos contestáveis da exegese científica e de reinterpretá-las [...] em função de seu contexto histórico"[248].

Com isso, diz Geffré, "não somos condenados ao processo da hermenêutica infinita, isto é, o mal infinito das interpretações que acabam por recolocar em questão toda pretensão de verdade". É que, não obstante as "rupturas de nossa tradição histórica", dispomos de alguns "critérios de interpretação" ou de um conjunto de "autoridades diferentes" que faz com que "o campo hermenêutico aberto pela revelação cristã não [seja] indefinido"[249]. E, aqui, ele indica "três critérios para avaliar a exatidão da interpretação atual da mensagem cristã": 1) "Os textos da Escritura [...] como formas escritas do testemunho da experiência cristã fundamental"; 2) "A tradição teológica e dogmática como testemunho da experiência histórica ulterior"; 3) "O conteúdo de nossa experiência histórica hoje" que coincide com o que ele chama "comunicabilidade" e "recepção" e que corresponde ao que se chama *sensus fidei* e *consensus fidelium*[250].

2.2.4 Relação com a prática

Frente à crítica, por parte das teologias política e da libertação e das chamadas teologias contextuais, das teologias hermenêuticas "serem apenas uma nova interpretação *teórica* do cristianismo e de não conduzirem a uma transformação efetiva do mundo e da história", Geffré procura mostrar "em que sentido a nova orientação da hermenêutica, centrada no 'mundo do texto', não permite deter-se

248 Ibid.

249 Ibid., p. 52.

250 Ibid., p. 52s.

numa pura interpretação textual", mas "conduz necessariamente a uma reinterpretação prática, a um *fazer*"[251]. Esse é um tema recorrente em Ricoeur[252].

Para ele, não há oposição entre "hermenêutica do sentido" e "hermenêutica da ação". A razão hermenêutica – filosófica e teológica – é também uma "razão prática". E num duplo sentido: "conduz à ação" e "comporta necessariamente um momento de reflexão crítica sobre seus pressupostos ideológicos"[253].

Por um lado, a razão hermenêutica não pode ser reduzida a uma "pura hermenêutica do sentido". Ele tem necessariamente uma "dimensão prática", no sentido de conduzir a uma "aplicação" (Gadamer) ou de uma "coadaptação entre um sistema de interpretação e um sistema de ação" (Ladrière) ou de atualização do "mundo do texto" (Ricoeur). A "hermenêutica textual" de Ricoeur, diz Geffré, não pode ser reduzida a "celebração de um certo tipo de mundo", pois "o mundo do texto leva justamente o sujeito a atualizar suas capacidades, as mais próprias, em vista de uma transformação do mundo"[254]. De modo que uma teologia hermenêutica implica uma "dialética incessante entre teoria e prática", na qual "a prática não é somente a verificação de um discurso teórico", mas um "lugar teológico", uma "fonte de sentido", um "princípio de discernimento que nos convida a uma reinterpretação do cristianismo". Nesse sentido, chega a identificar sem mais os teólogos da libertação como "teólogos hermenêuticos" e as teologias contextuais como "teologias hermenêuticas"[255].

---

251 GEFFRÉ, C. *Como fazer teologia hoje*: Hermenêutica teológica. Op. cit., p. 60.

252 Cf. ibid., p. 27-29, 59-61, 81-83, 274-276. • GEFFRÉ, C. *Crer e interpretar*: A virada hermenêutica da teologia. Op. cit., p. 54-57. • GEFFRÉ, C. "A Teologia Fundamental como hermenêutica". Op. cit., p. 25-26.

253 GEFFRÉ, C. "A Teologia Fundamental como hermenêutica". Op. cit., p. 25.

254 Ibid.

255 Ibid., p. 25s.

Por outro lado, "a razão teológica como razão prática comporta finalmente um momento crítico em relação aos riscos de deformação na interpretação da tradição da Igreja"[256]. A expressão "razão prática" destaca a "importância das práticas sociais". Ela está a serviço de uma "comunicação mais verdadeira entre as pessoas" e nos torna mais sensíveis ao "estatuto social e comunicacional da verdade"[257]. Frente a "uma hermenêutica demasiadamente ideal como aquela de Gadamer [que] pretende poder restituir para hoje o sentido permanente dos conteúdos de verdade da tradição", Habermas mostra a necessidade de uma hermenêutica da suspeita que submeta a tradição à prova da "crítica das ideologias". Isso nos ajudaria a "estabelecer critérios de validade da comunicação da verdade", tão importantes no "trabalho sempre arriscado de comunicação da fé", onde não se pode confundir "a verdade de uma proposição de fé, a justeza de um ensinamento moral [...] e a autenticidade de um testemunho"[258].

3 Apreciação crítica

A tese da "teologia como hermenêutica" ou da "virada hermenêutica da teologia" tem o mérito de se enfrentar com a concepção de saber e de ciência que se impôs no século XX e de assumir, no âmbito da teologia e do fazer teológico, o caráter e o dinamismo histórico-hermenêuticos do saber/conhecimento. Isso levou a "passagem" ou "virada" de uma compreensão do *intellectus fidei* como "razão especulativa" (Aristóteles, Tomás de Aquino) para uma compreensão do *intellctus fidei* como um "compreender histórico" ou um "ato de compreensão hermenêutica" (Heidegger, Gadamer, Ricoeur) que leva a sério o fato de que "não há conhecimento do

256 Ibid., p. 26.

257 Ibid.

258 Ibid.

passado sem pré-compreensão e sem interpretação viva de si mesmo"[259]. Com isso, Geffré procura responder à pergunta sobre "o que vem a ser a razão teológica" num contexto de "ruptura" com a "antiga metafísica" e com as "filosofias do sujeito" e em que a filosofia "tende a tornar-se cada vez mais uma filosofia da linguagem"[260].

Isso marcou de tal modo a teologia e o teologizar que não se pode mais pensar e fazer teologia sem levar a sério seu caráter histórico-hermenêutico-linguístico, isto é, sem passar pela "virada hermenêutica" que, por sua vez, é indissociável da "virada linguística" do pensar[261]. Certamente, esta compreensão linguístico-hermenêutica do pensar é muito mais complexa do que parece. Há diferenças enormes entre a compreensão hermenêutica de Dilthey, Heidegger, Gadamer e Ricoeur. E isso tem muitas implicações para a teologia e o fazer teológico, como bem demonstrou Geffré. Em todo caso, e essa é a grande conquista da chamada "virada hermenêutica da teologia", o *intellectus fidei* aparece cada vez mais como um "compreender histórico", entendido como "ato de compreensão hermenêutica". Neste sentido, fala-se com razão de "teologia como hermenêutica" ou de "virada hermenêutica da teologia". Além de corresponder a uma dimensão fundamental de todo saber, também teológico, a insistência nessa dimensão histórico-hermenêutica da teologia, torna-se particularmente relevante num contexto em que posturas fundamentalistas as mais diversas ganham espaço no universo religioso[262]. A "teologia hermenêutica" aparece nesse contexto como reação e antídoto contra uma "teologia fundamentalista". Talvez isso explique em boa medida a adesão e o entusiasmo, pouco críticos, à tese da "teologia como

259 GEFFRÉ, C. *Crer e interpretar*: A virada hermenêutica da teologia. Op. cit., p. 24.

260 Ibid., p. 30.

261 Cf. ibid.

262 Ibid., p. 83-129.

hermenêutica" e a reação quase instintiva de muitos teólogos a uma abordagem crítica dessa tese.

Mas a questão não é tão simples nem tranquila como pode parecer. E o próprio Geffré percebe isso ao insistir muitas vezes que uma teologia hermenêutica não abre mão da questão de Deus, da ontologia e da verdade[263] e que uma teologia hermenêutica não se contrapõe a uma teologia prática[264]. Dois pontos cruciais no debate da tese da teologia como hermenêutica.

Por um lado, embora afirmando que "não há apreensão ou acesso imediato à realidade fora da linguagem" e consequentemente que a teologia enquanto ciência hermenêutica é "um discurso que tem por objeto um discurso sobre Deus"[265], frente à crítica de relativismo de uma teologia hermenêutica, Geffré faz uma série de ponderações e/ou advertências que termina relativizando a tese defendida e mostrando seus limites: 1) Mesmo que a teologia não trate diretamente de Deus, mas do discurso sobre Deus, "ela não deve praticar um completo 'colocar entre parêntesis' a questão de Deus"[266]; 2) Uma teologia hermenêutica "não renuncia à dimensão ontológica dos enunciados teológicos"[267], embora esta seja pensada com Heidegger e Ricoeur a partir da função "ontofônica" da linguagem enquanto manifestação do

263 Cf. GEFFRÉ, C. *Como fazer teologia hoje*: Hermenêutica teológica. Op. cit., p. 85-88. • GEFFRÉ, C. *Crer e interpretar*: A virada hermenêutica da teologia. Op. cit., p. 33s., 37-39, 51. • GEFFRÉ, C. "A Teologia Fundamental como hermenêutica". Op. cit., p. 12, 13, 14, 15, 32.

264 Cf. GEFFRÉ, C. *Como fazer teologia hoje*: Hermenêutica teológica. Op. cit., p. 28s., 30s., 59-61, 83. • GEFFRÉ, C. *Crer e interpretar*: A virada hermenêutica da teologia. Op. cit., p. 54-57. • GEFFRÉ, C. "A Teologia Fundamental como hermenêutica". Op. cit., p. 25-26.

265 GEFFRÉ, C. *Crer e interpretar*: A virada hermenêutica da teologia. Op. cit., p. 33.

266 Ibid. Cf. GEFFRÉ, C. "A Teologia Fundamental como hermenêutica". Op. cit., p. 15.

267 GEFFRÉ, C. *Crer e interpretar*: A virada hermenêutica da teologia. Op. cit., p. 37s. Cf. GEFFRÉ, C. "A Teologia Fundamental como hermenêutica". Op. cit., p. 13, 14.

ser[268]; 3) É verdade que, "quem diz texto, diz comentário, e quem diz comentário diz processo quase infinito da interpretação", mas isso "não quer dizer que se renuncia a toda verdade como muitas vezes são censurados os hermeneutas"[269]; "não somos condenados ao processo da hermenêutica infinita, isto é, o mal infinito das interpretações que acabam por recolocar em questão toda pretensão à verdade"[270]. Tudo isso leva Geffré a ter que admitir que "o objeto da teologia, hoje como ontem, será sempre o mistério da Realidade invisível de Deus", embora advertindo que "não há discurso sobre Deus que não seja ao mesmo tempo um discurso sobre o homem em busca de Deus"[271].

Por outro lado, frente à crítica das teologias política e da libertação e das chamadas teologias contextuais, Geffré se esforça por mostrar que na perspectiva da "hermenêutica textual" de Ricoeur, centrada na compreensão e apropriação do "mundo do texto", não há contraposição entre "hermenêutica do sentido" e "hermenêutica da ação"[272]. Chega mesmo a afirmar que "a hermenêutica [...] não pode ser unicamente uma hermenêutica do sentido, isto é, uma hermenêutica que busca simplesmente interpretar textos e que não se preocupa com o que pode ser a prática da verdade manifestada para transformar o agir humano"[273]. Na verdade, diz ele, "o mundo do texto, o mundo que se desdobra sobre o texto, leva o sujeito a atualizar seus possíveis mais próprios em vista da transformação do

---

268 Cf. GEFFRÉ, C. *Como fazer teologia hoje*: Hermenêutica teológica. Op. cit., p. 29, 46, 51. • GEFFRÉ, C. *Crer e interpretar*: A virada hermenêutica da teologia. Op. cit., p. 39. • GEFFRÉ, C. "A Teologia Fundamental como hermenêutica". Op. cit., p. 14.

269 GEFFRÉ, C. *Crer e interpretar*: A virada hermenêutica da teologia. Op. cit., p. 39.

270 Ibid., p. 51s. Cf. GEFFRÉ, C. "A Teologia Fundamental como hermenêutica". Op. cit., p. 32.

271 Ibid., p. 33.

272 Cf. GEFFRÉ, C. *Crer e interpretar*: A virada hermenêutica da teologia. Op. cit., p. 54-57. • GEFFRÉ, C. "A Teologia Fundamental como hermenêutica". Op. cit., p. 25-26.

273 GEFFRÉ, C. *Crer e interpretar*: A virada hermenêutica da teologia. Op. cit., p. 54.

mundo", de modo que "a hermenêutica do sentido ou a hermenêutica dos textos conduz a uma certa prática social e até a uma certa prática política"[274]. Mas a formulação é ambígua. Além de tratar as teologias da práxis como "hermenêutica da ação"[275], embora fale de uma "dialética incessante entre teoria e prática"[276] e admita que "a prática não é apenas a aplicação [...] ou a verificação de um discurso teórico", mas seja em si mesma "matriz de sentido", "lugar teológico", "fonte de sentido", "princípio de discernimento"[277], em geral, fala do vínculo entre sentido e ação em termos de mera relação externa: "aplicação" (Gadamer), "coadaptação" (Ladrière), "atualizar", "conduzir" (Ricoeur)[278]. É a dificuldade teórica de assumir de modo consequente a "dimensão prática" da hermenêutica[279].

Tudo isso mostra que a tese da "teologia como hermenêutica" ou da "virada hermenêutica da teologia", não obstante seus méritos incontestáveis e irrenunciáveis, não só não esgota a problemática do *intellectus fidei* enquanto *intellectus*, que nem se reduz a interpretação nem se vincula com a práxis meramente a modo de aplicação ou atualização, mas reclama e remete a uma concepção mais ampla e complexa de *intellectus* que assuma o momento hermenêutico no que tem de próprio e irredutível no contexto mais amplo da intelecção humana.

É importante deixar bem claro que não contestamos o caráter histórico-hermenêutico da teologia e, consequentemente, nossa crítica nada tem a ver com uma postura fundamentalista que nega a

---

274 Ibid., p. 54s.

275 Ibid., p. 54. • GEFFRÉ, C. A teologia fundamental como hermenêutica". Op. cit., p. 25.

276 GEFFRÉ, C. "A Teologia Fundamental como hermenêutica". Op. cit., p. 25.

277 GEFFRÉ, C. *Crer e interpretar*: A virada hermenêutica da teologia. Op. cit., p. 55. • GEFFRÉ, C. "A Teologia Fundamental como hermenêutica". Op. cit., p. 25s.

278 Cf. GEFFRÉ, C. *Crer e interpretar*: A virada hermenêutica da teologia. Op. cit., p. 54s. • GEFFRÉ, C. "A Teologia Fundamental como hermenêutica". Op. cit., p. 25.

279 Ibid., p. 25.

historicidade do saber e da verdade. Não discutimos a historicidade do saber e da verdade nem negamos um aspecto hermenêutico no saber. Todo saber é histórico e tem uma dimensão hermenêutica. O que problematizamos, a partir de Zubiri, é a compreensão idealista de história como transmissão de sentido[280] e de *intellectus* como interpretação de sentido[281]. Certamente, história tem a ver com sentido, na medida em que o que se transmite tem/adquire sentido na vida humana, mas não se reduz a transmissão de sentido. Aliás, o sentido, enquanto sentido de algo, supõe sempre esse algo e se fundamenta nele. E, certamente, *intellectus* tem a ver com interpretação de sentido na medida em que faz parte do processo intelectivo compreender e explicitar o sentido das coisas apreendidas. Mas a compreensão e explicitação do sentido, enquanto sentido da coisa, supõe sempre e se fundamenta em sua apreensão como "realidade"[282]. De modo que não se pode identificar sem mais história com sentido e intelecção com interpretação de sentido.

Noutras palavras: O que problematizamos aqui não é a hermenêutica enquanto tal ou o aspecto hermenêutico do saber/conhecimento, mas a redução do *intellectus* a hermenêutica. Está em jogo a compreensão mesma de *intellectus* ou de intelecção que, para Zubiri, conforme vimos no capítulo anterior, não consiste formalmente em "interpretação de sentido", mas em "apreensão de realidade": É um ato de "apreensão" e não simplesmente um ato de "interpreta-

280 Cf. ZUBIRI, X. *Tres dimensiones del ser humano*: individual, social, histórica. Madri: Alianza, 2006, p. 71-101, 105-168.

281 Cf. ZUBIRI, X. *Inteligência sentiente*: Inteligencia y realidad. Madri: Alianza, 2006. • ZUBIRI, X. *Inteligencia y logos*. Madri: Alianza, 2002. • ZUBIRI, X. *Inteligencia y razón*. Madri: Alianza, 2001.

282 Cf. ZUBIRI, X. *Sobre la esencia*. Madri: Alianza, 1985, p. 103-108, 402. Convém recordar com Diego Gracia que "o conceito zubiriano de realidade não surge frente ao conceito aristotélico de natureza, mas frente ao conceito fenomenológico de coisa-sentido" e, aqui, "o interlocutor de Zubiri não é Aristóteles [...], mas Husserl e Heidegger" (GRACIA, D. *Voluntad de verdad*: Para leer a Zubiri. Madri: Triacastela, 2007, p. 190).

ção" (interpretação é apenas um modo de apreensão). E o que se apreende não é simplesmente nem mesmo em última instância o "sentido" da coisa, mas a coisa como "realidade" (a apreensão do "sentido" é uma apreensão ulterior fundada na apreensão da coisa como "realidade"). A historicidade do saber/conhecimento não tem a ver propriamente com a problemática do sentido, mas com seu *caráter práxico* no duplo sentido de *momento da práxis* (modo humano de se enfrentar com as coisas) e de *momento práxico* ("apropriação de possibilidades" intelectivas que, por sua vez, desencadeia um processo de "capacitação" intelectiva). Isso nos permite superar uma visão idealista do saber/conhecimento, centrada na interpretação de sentido (intelecção = hermenêutica), por uma concepção práxica do saber/conhecimento, centrada no modo humano de se enfrentar com as coisas, sem negar nem comprometer seu momento hermenêutico irredutível (práxis - intelecção - hermenêutica). É a contribuição de Ignacio Ellacuría no debate sobre o estatuto hermenêutico da teologia que abordaremos no próximo capítulo.

IV
Hermenêutica como *momento* da teologia a partir de Ignacio Ellacuría

Conforme vimos no capítulo anterior, a tese da "virada hermenêutica da teologia" ou da "teologia como hermenêutica" está intrinsecamente vinculada à concepção de *intellectus* como hermenêutica. E a apreciação crítica que fizemos a essa tese nos levou a postular a necessidade de uma concepção mais ampla e complexa do *intellectus fidei* que assuma o momento hermenêutico no que tem de próprio e irredutível no contexto mais amplo do processo intelectivo. Aliás, essa apreciação crítica já foi feita a partir da concepção zubiriana de *intellectus* enquanto "apreensão de realidade" e enquanto "momento da práxis"; uma concepção que permite superar os dualismos epistemológicos sentir X inteligir e intelecção X ação e assumir a unidade estrutural fundamental práxis-intelecção-hermenêutica.

É nesse contexto que tomamos a compreensão de teologia de Ignacio Ellacuría como uma contribuição muito importante no debate acerca do estatuto teórico da relação teologia-hermenêutica. Seu diálogo crítico-criativo com Xavier Zubiri, particularmente com sua concepção de intelecção como "inteligência sentiente", leva-o a desenvolver uma concepção de teologia que possibilita superar o reducionismo idealista da teologia a hermenêutica sem, contudo, negar um momento propriamente hermenêutico no quefazer teológico.

Certamente, não vamos fazer aqui um estudo amplo e aprofundado da concepção de teologia e do fazer teológico de Ellacuría[283]. Vamos simplesmente apresentar sua tese da teologia como intelecção do reinado de Deus, explicitar os pressupostos filosófico-epistemológicos de sua concepção de teologia e indicar uma nova perspectiva para o problema do estatuto teórico da relação teologia-hermenêutica.

1 Teologia como intelecção do reinado de Deus

A problemática central da teologia de Ignacio Ellacuría é sem dúvida nenhuma a problemática da "historicidade da salvação" ou da "realização histórica da salvação". E tanto no que diz respeito ao "caráter histórico dos acontecimentos salvíficos" quanto no que diz respeito ao "caráter salvífico dos acontecimentos históricos"[284]. Esse é o assunto da teologia ou o "âmbito de realidade" que a teologia procura inteligir, ainda que isso possa ser formulado em termos diversos, como se dá na própria teologia de Ellacuría. Até os anos de 1970, muito provavelmente influenciado pela teologia conciliar, ele parece encontrar na categoria "signo histórico" uma possibilidade muito fecunda de formulação adequada do "âmbito de realidade" da teologia[285]. Mas, aos poucos, ela foi cedendo

283 Cf. AQUINO JÚNIOR, F. *A teologia como intelecção do reinado de Deus*: O método da Teologia da Libertação segundo Ignacio Ellacuría. São Paulo: Loyola, 2010.

284 Cf. ELLACURÍA, I. "Historia de la salvación y salvación de la historia". In: *Escritos Teológicos I*. São Salvador: UCA, 2000, p. 519-533. • ELLACURÍA, I. "Historicidad de la salvación cristiana". In: *Escritos Teológicos I*. Op. cit., p. 535-596. • ELLACURÍA, I. "Historia de la salvación". In: *Escritos Teológicos I*. Op. cit., p. 597-628.

285 Cf. ELLACURÍA, I. "Liberación: misión y carisma de la Iglesia latinoamericana". In: *Escritos Teológicos II*. São Salvador: UCA, 2000, p. 553-584, aqui p. 564s. • ELLACURÍA, I.

espaço para uma categoria que se mostrará muito mais fecunda e adequada e que se tornará a categoria mais importante, mais determinante e mais central de sua teologia nos anos de 1980: "reinado de Deus". Sua importância será tamanha, a ponto de designar o "objeto" ou o "âmbito de realidade" da teologia que, por isso mesmo, será cada vez mais compreendida e desenvolvida como uma "teologia do reinado de Deus"[286].

Não vamos apresentar aqui a abordagem que Ellacuría faz do reinado de Deus como assunto ou "âmbito de realidade" da teologia, mas simplesmente a compreensão de teologia enquanto atividade intelectual aí implicada. E o faremos explicitando seu caráter de momento intelectivo do reinado de Deus, formulando-o nos termos da relação teoria-práxis e destacando seu caráter sócio-histórico fundamental.

1.1 Teologia como momento intelectivo do reinado de Deus

Convém começar insistindo no vínculo constitutivo-essencial entre teologia (enquanto atividade intelectual) e reinado de Deus (enquanto assunto da teologia), no duplo sentido de *momento* e momento *intelectivo* do reinado de Deus.

"Tesis sobre posibilidad, necesidad y sentido de una teología latinoamericana". In: *Escritos Teológicos I*. Op. cit., p. 271-301, aqui p. 292s. • ELLACURÍA, I. "Iglesia y realidad histórica". In: *Escritos Teológicos I*. Op. cit., p. 501-515, aqui p. 505. • ELLACURÍA, I. "Fe y justicia". In: *Escritos Teológicos III*. São Salvador: UCA, 2002, p. 307-373, aqui p. 317-327. • ELLACURÍA, I. "Historicidad de la salvación cristiana". Op. cit., p. 565.

286 Cf. ELLACURÍA, I. "Fe y justicia". Op. cit., p. 311. • ELLACURÍA, I. "La teología como momento ideológico de la praxis eclesial". In: *Escritos Teológicos I*. Op. cit., p. 163-185, aqui p. 174-185. • ELLACURÍA, I. "Relación teoría y praxis en la Teología de la Liberación". In: *Escritos Teológicos I*. Op. cit., p. 235-245, aqui p. 235. • ELLACURÍA, I. "Teología de la Liberación frente al cambio socio-histórico en América Latina". In: *Escritos Teológicos I*. Op. cit., p. 313-345, aqui p. 315.

1.1.1 Teologia como *momento* da práxis do reinado de Deus

Enquanto atividade estritamente intelectiva, a teologia é *um* momento da práxis do reinado de Deus: "O fazer teologia não é um fazer teórico [completamente] autônomo, mas é um elemento dentro de uma estrutura mais ampla"[287]. Por mais específico e irredutível que seja, é um momento da práxis que procura inteligir. Essa subordinação da teologia à práxis do reinado de Deus é tanto uma necessidade epistemológica e social quanto um ideal teológico.

Trata-se, em primeiro lugar, de uma necessidade epistemológica e social. Por um lado, enquanto intelecção *da* práxis do reinado de Deus, a teologia supõe essa práxis como condição de sua própria realização, ainda que essa condição não signifique necessariamente uma anterioridade cronológica, como se primeiro se desse a práxis e depois se começasse a atividade intelectiva: nem há práxis completamente desprovida de atividade intelectiva, nem há atividade intelectiva completamente desvinculada de alguma práxis. Trata-se, antes, de uma respectividade estrutural, na qual a teologia, por mais autônoma e irredutível que seja, enquanto teologia *da* práxis do reinado de Deus, só é o que é "em função" dessa práxis que procura inteligir: é teologia *da* práxis do reinado de Deus. O *da* expressa, precisamente, essa respectividade estrutural da teologia à práxis do reinado de Deus. Por outro lado, enquanto atividade intelectiva, no que tem de mais próprio e específico frente a outros momentos da práxis, a teologia está sempre "condicionada pelo que é a práxis histórica em um momento determinado"[288]. Seja na medida em que essa práxis histórica determina suas "possibilidades" teóricas, isto é, "o substrato a partir do qual se pensa"; seja na medida em que a

287 ELLACURÍA, I. "La teología como momento ideológico de la praxis eclesial". Op. cit., p. 167.

288 Ibid., p. 168.

apropriação de determinadas "possibilidades" só é possível no dinamismo da práxis. De modo que a teologia, além de ser um momento da práxis (teologia *da* práxis do reinado de Deus), é também, e mais radicalmente, um momento possibilitado e condicionado por essa mesma práxis (apropriação de possibilidades teóricas). Além de ser o conteúdo a ser inteligido, a práxis possibilita e condiciona a própria intelecção.

Em segundo lugar, trata-se de um "ideal" teológico: "O fazer teológico cristão não é concebível à margem da Igreja, mas, com toda sua autonomia, está a seu serviço na medida em que essa Igreja está inteiramente dedicada à realização do reino"[289]. A teologia é uma atividade estritamente eclesial, não necessariamente eclesiástica. O eclesial é constitutivo e determinante da atividade teológica, sem que isso comprometa, necessariamente, a relativa autonomia do momento intelectivo. Além de ter sua origem na práxis eclesial e de estar destinada a essa mesma práxis, a teologia é, sempre, em alguma medida, possibilitada e configurada por ela. Não apenas intelige uma práxis que é eclesial, mas, mais radicalmente, intelige eclesialmente. É claro que nem toda práxis eclesial corresponde ao dinamismo do reinado de Deus nem, por outro lado, o dinamismo do reinado de Deus está restrito ao âmbito eclesial[290]. De modo que, enquanto momento da práxis do reinado de Deus, a teologia nem pode se identificar, sem mais, com a práxis eclesial, nem pode prescindir dos outros dinamismos práxicos. É, certamente, em primeiro lugar, teologia da práxis eclesial, enquanto e na medida em que esta se configura como práxis do reinado de Deus ou em vista de que assim se configure. Mas na medida em que o dinamismo do reinado de Deus extrapola o âmbito eclesial e na medida em que a própria práxis eclesial se constitui como fermento e sal do reinado de Deus

289 Ibid.

290 Cf. ELLACURÍA, I. "Historia de la salvación". Op. cit., p. 623s.

na práxis histórica total, a teologia se configura como teologia da práxis total, a partir e na perspectiva do reinado de Deus[291].

Certamente, "a teologia pode reorientar de alguma maneira a práxis eclesial [e mesmo a práxis histórica total], mas isso não supõe que não seja determinada e que não deva se ver determinada pelo que é e pelo que há de ser [essa] práxis". Além do mais, não há dúvida de que "há tarefas predominantemente técnicas [exegese, história, elaboração teórica] no fazer teológico, cujo melhor aporte ao conjunto será a perfeição de seu tecnicismo". Mas "na medida em que todos esses momentos parciais constituem a totalidade do fazer teológico, é preciso reconhecer sua orientação pela práxis [...] e para a práxis [...]" do reinado de Deus[292]. Daí por que Ellacuría não fale de "práxis teórica", como se a teoria existisse independentemente da práxis e como se houvesse práxis que não fosse, em alguma medida, teórica. Ele prefere falar de "momento teórico da práxis", o qual "pode adquirir diversos graus de autonomia e deve adquirir buscando, isso sim, a relação correta com a práxis como um todo, à qual pode, em parte, orientar, embora talvez não dirigir, e da qual recebe, por sua vez, direção e orientação"[293].

1.1.2 A teologia como *momento intelectivo* da práxis do reinado de Deus

Não basta dizer que a teologia é um momento da práxis do reinado de Deus. É necessário dizer em que consiste, precisamente, esse momento frente a outros momentos. O fato de a teologia não ser algo completamente autônomo e autossuficiente não significa que

291 Cf. ELLACURÍA, I. "La teología como momento ideológico de la praxis eclesial. Op. cit., p. 181.

292 Ibid.

293 ELLACURÍA, I. "Función liberadora de la filosofía". In: *Escritos Políticos I*. São Salvador: UCA, 1993, p. 93-121, aqui p. 111s.

não tenha uma autonomia relativa. O caráter de *momento* da teologia diz respeito tanto à sua respectividade estrutural à práxis do reinado de Deus (momento *de*) quanto à sua especificidade no dinamismo total dessa práxis (*um* momento). Pois bem, o próprio e o específico da teologia, enquanto momento da práxis do reinado de Deus, consiste em ser um momento "consciente e reflexo dessa práxis"[294].

Mas, dito isso, é preciso reconhecer que a práxis "tem momentos teóricos de distinto grau que vão desde a consciência que acompanha toda ação humana até a consciência reflexa e a reflexão sobre o que é, o que sucede e o que se faz" e que a reflexão "pode tomar distintas formas, desde as pré-científicas às estritamente científicas, segundo a peculiaridade de cada uma das ciências"[295]. De modo que o momento intelectivo da práxis do reinado de Deus é muito mais amplo e complexo do que parece e, em hipótese alguma, reduz-se à atividade estritamente teológica. Esta não é, senão, uma entre muitas; quiçá a atividade intelectiva por excelência (embora não necessariamente a mais relevante), mas, em todo caso, uma entre outras. "A esse momento [intelectivo] pertencem outras atividades como a liturgia, a arte, os exercícios de piedade etc.; mas de modo especial, a atividade teológica"[296]. É claro que se pode tomar a expressão teologia num sentido lato que abarca a totalidade do momento intelectivo da práxis do reinado de Deus, de modo que toda forma de intelecção seria teologia. Mas, nesse caso, faz-se necessário, então, falar de teologia em sentido estrito para designar essa atividade intelectiva específica que a tradição chamou teologia e que, quiçá por ser o momento intelectivo por excelência, acaba nomeando, em sentido lato, a totalidade do processo intelectivo, mas nunca reduzindo.

---

294 ELLACURÍA, I. "La teología como momento ideológico de la praxis eclesial". Op. cit., p. 171.

295 ELLACURÍA, I. "Función liberadora de la filosofía". Op. cit., p. 111.

296 ELLACURÍA, I. "La teología como momento ideológico de la praxis eclesial". Op. cit., p. 171.

Enquanto uma atividade intelectiva específica entre outras, a teologia consiste no "máximo exercício racional e 'científico' possível"[297] sobre o reinado de Deus. Trata-se de um exercício metódico, regrado e sistemático, configurado, em última instância, pela realidade que procura inteligir e pelos modos em que ela se deixa inteligir. Dadas a amplitude e a complexidade dessa realidade, a teologia lança mão de mediações intelectivas as mais diversas: filosofia, ciências sociais, história, linguística, arqueologia, sabedoria popular etc. À teologia interessa inteligir o máximo possível a realização histórica do reinado de Deus, de modo que tudo que oferece algum acesso a essa realidade pode e deve, em princípio, ser assumido pela teologia.

Infelizmente, Ellacuría não desenvolveu minuciosamente o método da TdL nem no que diz respeito ao "âmbito de realidade" nem no que diz respeito à atividade propriamente intelectiva. Nesse último caso, embora se refira explicitamente à análise e compreensão zubirianas da intelecção humana, inclusive no contexto da fundamentação do método da TdL, não chegou a desenvolver nenhum estudo mais amplo e elaborado sobre o tema. Traça as linhas gerais e fundamentais dessa atividade teológico-intelectiva, como veremos no item seguinte a propósito da "relação teoria e práxis na TdL", mas não vai muito além disso.

Em um artigo escrito por ocasião do 4º aniversário de morte de Zubiri, Ellacuría se refere a um trabalho de licenciatura em filosofia, sob sua orientação, o qual qualifica como "excelente", onde se "propõe uma nova justificação metodológica da teologia da libertação a partir da epistemologia de Zubiri"[298]. Trata-se do trabalho de Jose Antonio Pacheco Rodriguez: "Estrutura intelectiva da teologia da

---

297 ELLACURÍA, I. "Relación teoría y praxis en la Teología de la Liberación". Op. cit., p. 235.

298 Cf. ELLACURÍA, I. "Zubiri, cuatro años después". In: *Escritos Filosóficos III*. São Salvador: UCA, 2001, p. 399-402, aqui p. 400.

libertação: Esboço a partir de uma inteligência *sentiente*"[299]. Sua pretensão era "fazer um intento de aplicação da estrutura intelectiva esboçada por Zubiri [...] a teologia da libertação". A partir da trilogia zubiriana procura explicitar "a estrutura intelectiva da teologia da libertação"[300], identificando seus três momentos fundamentais: momento impressivo, momento afirmativo e momento racional. Do ponto de vista estritamente intelectivo, diz ele, a TdL aparece como uma teologia que "se deixa impressionar" (apreensão primordial), uma teologia que "tem algo a dizer" (logos) e uma teologia que "tem que dar razões" (razão)[301]. Estamos diante "de um primeiro esboço muito rudimentar do que com o tempo poderia chegar a ser uma fundamentação epistemológica da TdL a partir da teoria da inteligência de Zubiri". De modo que, "mais que às explicações" concretas, deve-se estar atento "à direção a que se intentar apontar" nessas explicações[302].

Certamente, pode-se tomar a perspectiva fundamental desenvolvida neste trabalho como a perspectiva de Ellacuría: Seja pela orientação fundamentalmente zubiriana, embora quiçá excessivamente zubiriana; seja pelo fato do trabalho ter sido orientado pelo próprio Ellacuría; seja, enfim, pela apreciação "excelente" que faz do trabalho. Em todo caso, ele mesmo não chegou a desenvolver nem sequer esboçar o tema dessa forma. Antes, preferiu formular a problemática, como veremos a seguir, nos termos da relação teoria-práxis e insistir no caráter sócio-histórico da intelecção.

---

299 Cf. PACHECO RODRIGUEZ, J.A. *Estructura intelectiva de la Teología de la Liberación*: Esbozo desde una inteligencia sentiente. São Salvador: UCA, 1986, *ad modum manuscripti*.

300 Ibid., p. V.

301 Cf. ibid., p. 37, 56, 100.

302 Ibid., p. VI.

1.2 A "relação" teoria teológica – práxis teologal

A teologia é *um momento* da práxis do reinado de Deus, seu *momento intelectivo* por excelência. O problema consiste na explicitação desse caráter de momento da teologia, de modo que nem comprometa sua respectividade constitutiva à práxis (momento *de*), nem comprometa sua especificidade intelectiva frente a outros momentos da práxis (*um* momento). É o que comumente se formula nos termos "relação teoria-práxis", embora a expressão "relação" não seja totalmente adequada por sugerir a existência prévia de dois "relatos" que devem ser postos em relação. Aqui não falamos propriamente de "relação" entre teoria e práxis, mas da teoria como "momento" da práxis, o que é bem distinto. É verdade que o próprio Ellacuría, por comodidade linguística, fala de "relação teoria-práxis". Mas formula essa "relação" como respectividade, de modo que uma não se dá completamente sem a outra. Vejamos, em forma de teses, como e em que termos ele formula essa problemática.

1) "Embora a teoria teológica e a práxis teologal não se identifiquem, suas relações são necessárias e mutuamente determinantes"[303].

Com a expressão "práxis teologal", Ellacuría se refere à realização histórica do reinado de Deus. E com a expressão "teoria teológica", indica "o máximo exercício racional e 'científico' possível" sobre ela (235). A teoria teológica é "um momento" da práxis teologal e, enquanto tal, "recebe" dela sua "última determinação". Mas é um momento que "tem sua própria autonomia relativa, sem cujo desenvolvimento a práxis como totalidade fica empobrecida" (235). Certamente, toda práxis tem algum nível ou modo de teoria. Não existe práxis sem teoria. Mas além de um fato, seu máximo desenvolvimento é "um *desideratum*, sem o qual a práxis fica empobreci-

303 ELLACURÍA, I. "Relación teoría y praxis en la Teología de la Liberación". Op. cit., p. 235. A partir de agora, os números entre parênteses, sem outra indicação, remetem a páginas deste artigo.

da e muitas vezes gravemente desviada" (236). No caso da tradição cristã, "sempre se manteve e é necessário seguir mantendo a codeterminação e a coerência vigilantes e vigiadas na teoria teológica e na práxis teologal" (236). E isso tanto pelos efeitos sociais e políticos da atividade religiosa na "configuração da marcha social" quanto pela necessidade de encontrar "o máximo de verdade e de santidade" numa e noutra.

Não se trata simplesmente de uma "questão de fato", uma espécie de mal necessário ou inevitável, à qual se deve manter atento para evitar "consequências catastróficas". Trata-se mais radicalmente de "um ponto essencial tanto para a riqueza do trabalho teórico quanto para a retidão da práxis" (236). O problema está no risco de desvio, seja da teoria, seja da práxis. A teoria pode ser desviada pelos interesses da práxis, assim como pode estar a serviço de uma práxis desviada, sobretudo "quando isso ocorre de forma ideologizada, mais ou menos consciente" (236).

A "práxis teologal correta" não apenas "*permite* ou possibilita a realização de um discurso teológico correspondente"[304] – seja pelo "sujeito comum"[305], seja pelo "objeto comum"[306], seja, ainda, pelo fato de ser assumida pela teoria sob a forma de questão[307] – como pensa Clodovis Boff. Além de permitir ou possibilitar, ela *promove* "um discurso teológico não puramente formal e *potencia* teoricamente esse discurso a partir do nível das apreensões primordiais que é o ponto de arranque e o ponto-final do inteligir humano" (236s.). Sem dúvida nenhuma, Boff percebe aspectos muito importantes da relação teoria-práxis. Mas isso não é tudo. Do "permitir" ao "promover", diz Ellacuría, existe uma grande diferença. Isso não significa, em hi-

304 BOFF, C. *Teologia e prática*: Teologia do político e suas mediações. Petrópolis: Vozes, 1978, p. 291.

305 Cf. ibid., p. 294.

306 Cf. ibid.

307 Cf. ibid., p. 362.

pótese alguma, que a práxis, o compromisso ou a situação "supram a capacidade intelectual e a metodologia teológica" (237). Significa, simplesmente, reconhecer que é na "práxis teologal" onde "se dão as apreensões primordiais histórico-transcendentes que põem em contato e atualizam a realidade em questão, a qual não oferece apenas problemas reais, mas a realidade dos problemas e, mais ainda, a realidade histórico-transcendente que traça e orienta os caminhos de solução" (237).

A "teoria teológica correta", por sua vez, é "elemento essencial para que a práxis teologal seja o que deve ser". De modo que se pode falar, aqui, de um "círculo de determinação" decisivo tanto para a "riqueza do fazer teológico" quanto para a "retidão do fazer teologal". Se tomarmos em consideração a teoria teológica usual na América Latina durante séculos, perceberemos que ela "não apenas descuidou de pontos essenciais da mensagem cristã, mas coonestou práticas teologais não cristãs no âmbito individual e no âmbito social" (237). Certamente, uma "teoria teológica mais rica e correta" pode tanto "corrigir" os desvios dessa práxis quanto "impulsioná-la" em ordem à historicização do reinado de Deus. De modo que, embora a teoria não tenha, sempre e necessariamente, sua origem na práxis, nem a relação entre ambas seja, necessariamente, dialética, sua mútua determinação pode propiciar um avanço tanto para a teoria quanto para a práxis – "desde que se assegurem as condições teóricas e práticas do mesmo" (238). Entretanto, se falta "talento teológico", "conversão pessoal" ou "lucidez prática", o avanço, seja da teoria seja da práxis, ficará comprometido. É possível que exista uma teoria que não esteja relacionada com uma "práxis real"; assim como é possível que um teólogo receba sua inspiração de uma práxis da qual não participa diretamente. Mas, mesmo nesses casos, dá-se algum nível de relação com a práxis. No primeiro caso, a teoria estaria ligada a uma "práxis imaginada". No segundo caso, o teólogo manteria algum nível de relação com a práxis que inspira sua teoria. Em todo caso, "se a práxis é adequada e as potencialidades teóricas são suficientes, está-se na melhor condição para uma potenciação mútua em processo contínuo" (238): a práxis oferece à teoria "riqueza de realidade" e a teoria fornece à práxis "retidão real".

2) "A partir deste ponto de vista, pode-se considerar e resolver o problema da ortodoxia e da ortopráxis em termos um pouco distintos dos usuais" (238).

A ortodoxia de um pensamento teológico não pode ser medida apenas "por sua conformidade com a lei e derivadamente com a tradição e o magistério". Ela precisa ser medida a partir do "todo da fé devidamente hierarquizado" (239). Aqui está em jogo o problema da "riqueza" da realidade da fé. Negativamente, ela exige, em primeiro lugar, que "não haja nada no pensamento teológico que contradiga ou que desvirtue o que é revelado e o que é dogmaticamente definido" e, em segundo lugar, que não haja nada que "contradiga ou desvirtue os elementos do ensinamento da Igreja" (239). Positivamente, ela exige muito mais, pois "se não se oferece a plenitude da fé nas possibilidades de uma determinada situação histórica, está-se truncando, de fato, a fé e se está desorientando positivamente aos que vivem nessa situação" (239).

A ortopráxis teologal, por sua vez, não é apenas uma derivação da ortodoxia teológica. Ela tem "sua própria autonomia e independência" e, ademais, converte-se em "princípio de ortodoxia teológica" (239). Não se trata simplesmente de saber o que é mais importante: se "a confissão explícita de fé ou a prática moral correta" (239). Trata-se antes de uma questão estritamente epistemológica, a saber, a relação teoria-práxis. Relação que é fundamental para que tanto a teoria quanto a práxis sejam o que devem ser e deem de si o que podem dar. É verdade que a ortopráxis teologal tem primariamente "certa autossuficiência e autonomia" com respeito à ortodoxia teológica, uma vez que "seus momentos originantes (a fé e a consciência) não provêm desta (239). E essa é a riqueza da Igreja dos pobres: "rica em graça e em realidade, tanto em fé e consciência quanto em experiência histórica" (240). Com essa riqueza, participa de, fecunda e renova a ortodoxia teológica. No entanto, a ortopráxis teologal pode ser "retificada" e "potenciada" pela ortodoxia teológica, desde que provenha da práxis teologal correta e a ela se refira. Embora a teoria possa "paralisar ou substituir a práxis", pode também "potenciá-la".

3) "Apesar da referência essencial da teoria teológica à práxis teologal, aquela não se reduz a uma reflexão sobre esta, sobretudo se esta se reduz ao que realiza uma determinada comunidade, em uma determinada situação" (240).

A teoria teológica, diz Ellacuría, "é mais que uma reflexão teológica sobre uma determinada práxis histórico-teologal" (240), mesmo que esta possa ser sempre seu "*medium in quo*" e, inclusive, seu "*medium quo*"[308]. Por um lado, ela requer, além da práxis histórico-teologal, "uma certa reflexão" como "passo intermediário para uma teoria teológica". Enquanto intelecção racional, a teoria teológica supõe outros modos mais elementares de intelecção (apreensão primordial e logos). Por outro lado, tem um objeto muito maior que uma práxis determinada: o reinado de Deus "tal como vem se dando e se dará na totalidade da história da salvação" (241), embora tenha acesso a ele, pelo menos em parte, "a partir do objeto menor que é o que do Reino de Deus se apreende na práxis teologal" (240). Sem falar do "aparato teórico que supera as características técnicas do que uma reflexão pode dar de si" e exige "hábitos, métodos, capacidades e conhecimentos bastante específicos e desenvolvidos" (241).

---

308 Ellacuría está reagindo contra a posição de Clodovis Boff, para quem a práxis é apenas *medium in quo* da teologia, mas, em hipótese nenhuma, seu *medium quo* (cf. BOFF, C. Op. cit., p. 26, 157, 377, 385. • BOFF, C. "Teologia e prática". In: *REB*, 36/144 [1976] p. 789-810, aqui p. 796).

Mas o fato de não se reduzir a uma reflexão teológica sobre uma determinada práxis teologal não minimiza a importância dessa práxis que é, ademais, "lugar de verificação da verdade total que compete à teoria teológica" (241). Por esta razão, Ellacuría não aceita sem mais a afirmação de Clodovis Boff de que "a tese da práxis como critério de verdade está vinculada ao empirismo e conduz ao pragmatismo"[309]. Afinal, "uma teoria teológica que não seja verificável na práxis teologal carece ao menos de uma de suas dimensões essenciais que é a historicidade" (241). É claro que esta verificação não se dá sempre de forma direta e imediata. Mas na medida em que a teoria teológica é "um modo de teorização" da práxis teologal, que é uma práxis salvífica, "tem que encontrar alguma forma de verificação histórica desse caráter salvífico" (241). Mesmo que a historicidade da salvação pertença formalmente à práxis teologal e não à teoria teológica, uma vez que esta é um momento daquela, está marcada por sua historicidade. Além do mais, uma teoria teológica que não tenha nenhuma relevância histórica, "ademais de despotenciar a práxis teologal requerida, deixa de ser um *intellectus fidei* para ser um estudo de inoperatividades" (241s.).

Entre a teoria teológica ("lugar de iluminação e de retificação") e a práxis teologal ("lugar de verificação") não existe um "círculo vicioso", mas um "círculo virtuoso". Com isso não se afirma que a práxis teologal seja o único ou principal critério da teoria teológica. Existem outros critérios como a "revelação", o "magistério", a "coerência racional interna" etc. O que se afirma é que "a práxis teologal é também critério de uma das dimensões essenciais da teologia como iluminadora e potenciadora da fé" (242). E quanto mais rica for essa práxis teologal, mais ela potenciará a teoria teológica e, ao mesmo tempo, mostrará "que teologia se conforma mais às exigências da fé" em uma determinada situação. O que se quer afirmar aqui é que a

309 BOFF, C. *Teologia e prática*: Teologia do político e suas mediações. Op. cit., p. 388; cf. p. 335ss.

práxis teologal é um dos critérios da teoria teológica. Não o único nem necessariamente o principal, mas um critério essencial. É que "a verdade que se busca no conhecimento tem múltiplas dimensões que não se esgotam, por exemplo, na coerência interna, no rigor da argumentação etc." (242)[310].

4) "Como teoria, a teologia da libertação se ordena a uma práxis de libertação histórico-transcendente na qual pode e deve ter verificação histórica, não como único critério, mas sim como critério necessário" (243).

Essa orientação da teologia da libertação à libertação histórico-transcendente, diz Ellacuría, é um "postulado razoável e justificável". Embora a realização do reinado de Deus "tenha aspectos importantes que não são de imediata verificação", tem, sem dúvida nenhuma, aspectos "que são de alguma maneira verificáveis". Alguns mais diretamente, "os mais referidos à história", outros mais indiretamente, "os mais referidos à transcendência" (243).

Além do mais, "se a mensagem teórico-libertadora da teologia da libertação não corresponde a alguma forma de libertação verificável, demonstra seu vazio formal, quando não sua falsidade" (243). A insistência, inclusive nos assuntos mais referidos à transcendência, na sua relação com o ser humano possibilita a constatação do vazio formal ou da falsidade de uma teoria teológica: "Se produz os efeitos contrários ao que se diz que deve produzir, estaríamos obrigados a mudar a teoria. Se produz efeitos alheios ao que se diz que deve produzir, estaríamos obrigados a corrigir a teoria" (244). Sem falar nos temas mais diretamente vinculados com a práxis que

310 Ellacuría faz referência, aqui, tanto à teoria aristotélica dos distintos modos de saber (*Metafísica*) e dos distintos modos de ciência (*Ética a Nicômaco*) que "remetem, em última instância, a distintas dimensões da verdade" quanto à insistência zubiriana nas "dimensões da verdade" (*Sobre la esencia*).

encontram nela seu "melhor corretivo teórico". É o caso da "opção preferencial pelos pobres como nota essencial da Igreja" e da "perspectiva da libertação" em geral, no que tem de histórica.

A insistência no fato da práxis ser um critério da teoria "não obsta a que haja outros critérios que não são formalmente a práxis" (244). Ater-se exclusivamente ao critério da práxis é empobrecedor, na medida em que deixa de lado outros "elementos essenciais" para a normatividade da práxis teologal e da teoria teológica. Mas "a insuficiência do critério da práxis" não pode levar ao desconhecimento de seu "caráter de necessidade" que, ademais, incide, de muitas formas, sobre outros critérios, "pois nenhum deles deixa de ser histórico, embora não se reduza a ser histórico" (245).

De modo que o caráter de "momento" da práxis teologal que caracteriza a teoria teológica nem reduz esta àquela, nem compromete sua relativa autonomia, nem diminui sua importância e necessidade, nem despotencializa seu exercício estritamente teórico-racional. Enquanto momento *da práxis*, recebe dela sua última determinação. Mas enquanto é *um momento* da práxis, tem sua própria autonomia que não apenas deve ser reconhecida como um fato, mas desenvolvida e potencializada ao máximo, inclusive, em vista do próprio dinamismo da práxis, na medida em que ele depende, ao menos parcialmente, do dinamismo de seus vários elementos ou momentos.

1.3 Caráter sócio-histórico da teoria teológica

Enquanto momento da práxis teologal, a teoria teológica é constitutivamente social e histórica. E tanto por seu "objeto" (práxis teologal) quanto por sua própria atividade intelectiva (teoria). Não apenas intelige uma realidade que é intrinsecamente (não exclusivamente!) social e histórica; mas intelige social e historicamente. A atividade intelectiva, além de ter uma origem e uma destinação social, de estar em grande parte determinada por interesses sociais, depende, em boa medida, das possibilidades intelectivas com que se conta em uma determinada época. Essas possibilidades condicionam positiva e negativamente a atividade intelectiva: por um lado, possibilitam a intelecção; por outro lado, limitam e podem desviar ou mesmo impedir a intelecção. É um risco inevitável. Dele não escapa nenhuma atividade intelectiva, nem mesmo ou muito menos a teologia.

Em primeiro lugar, a teologia é uma atividade intrinsecamente eclesial, não necessariamente eclesiástica. Está sempre, direta ou indiretamente, vinculada à comunidade eclesial, *na qual* tem sua origem, à qual está destinada e *pela qual* está mediada. Não é uma atividade absolutamente autônoma e autossuficiente. Sem o movimento desencadeado por Jesus de Nazaré, não haveria teologia cristã. Certamente, como vimos no item anterior, esse vínculo constitutivo da teoria teológica à práxis teologal é muito complexo e admite níveis e modos diversos, tanto no que diz respeito ao produto teológico quanto no que diz respeito ao teólogo. Mas, em todo caso, mantém-se sempre de alguma forma e em alguma medida. A teoria teológica é sempre teoria da práxis (mais ou menos) teologal. E essa práxis é sempre, embora não exclusivamente, uma práxis social e histórica. Primeiro, por se constituir como apropriação de possibilidades social e historicamente construídas. Segundo, pela estruturação comunitária e institucional que vai adquirindo ao longo do tempo. Terceiro, por sua inserção na práxis histórica total com a dupla característica de ser configurada por ela e, em menor proporção, de interferir positiva ou negativamente em sua estruturação. Na medida em que a teoria teológica é um momento (configurado por e configurador) dessa práxis teologal social e histórica, ela "adquire um caráter social especial e se converte, ademais, através da instituição a que serve, em favorecedora ou contraditora de determinadas forças sociais"[311]. Esse caráter social

311 ELLACURÍA, I. "Hacia una fundamentación del método teológico latinoamericano". Op. cit., p. 214.

adquire maior visibilidade e ganha maior relevância em uma sociedade onde os interesses sociais são mais antagônicos e os conflitos sociais são mais intensos e constantes.

Em segundo lugar, enquanto atividade teórica, a teologia é sempre mediada por determinadas estruturas intelectivas e por determinados sistemas de conceitos que podem possibilitar ou impossibilitar, facilitar ou dificultar a apreensão de uma determinada realidade ou de determinados aspectos dessa realidade. Assim, enquanto o modo europeu de lidar com situações contraditórias tem uma estrutura mais disjuntiva (ou, ou), muitas culturas asiáticas têm um modo mais conjuntivo (tanto, como; não só, mas ainda) de lidar com as mesmas situações, o que pode soar em ouvidos europeus como um relativismo perigoso[312]. O próprio modo de afirmação (logos) tem estruturas distintas. Frente ao logos predicativo (A é B), típico das línguas indo-europeias, está o logos nominal ou constructo (A, B), típico de línguas como a hebraica, a chinesa e muitas línguas indígenas: "O logos nominal tem a vantagem de entender a realidade de um modo mais es-trutural que atomista. O esquema A, B afirma mais enfaticamente a unidade entre ambos os termos. O logos predicativo, ao contrário, ao interpor o verbo *ser* entre A e B, proporciona, antes, a imagem de um mundo dividido em realidades independentes que necessitam ser relacionadas extrinsecamente entre si"[313]. Sem falar que o logos pode ser estruturado mais segundo

312 Cf. SCHREITER, R.J. *Abschied vom Gott der Europäer*: Zur Entwicklung Regionaler Theologien. Salzburg: Anton Pustet, 1992, p. 28.

313 GONZÁLEZ, A. *Introducción a la práctica de la filosofía* – Texto de iniciación. São Salvador: UCA, 2005, p. 83. Cf. ZUBIRI, X. *Sobre la esencia*. Madri: Alianza, 1985, p. 345-356. • ZUBIRI, X. *Inteligencia y logos*. Madri: Alianza, 2002, p. 151-171. • ELLACURÍA, I. *Principialidad de la esencia en Xavier Zubiri*. Madri: *ad modum manuscripti*, 1965, p. 403-442. • ELLACURÍA, I. "La idea de estructura en la filosofía de Zubiri". In: *Escritos Filosóficos II*. São Salvador: UCA, 1999, p. 445-513, aqui p. 452-456. • ESPINOSA LOLAS, R. "El logos nominal constructor en el pensamiento de Zubiri". In: *The Xavier Zubiri Review*, 3, 2000/2001, p. 121-132.

o paradigma da natureza (logos natural), ou segundo o paradigma da história (logos histórico), com enormes consequências teológicas, como tem mostrado, sobretudo, os conflitos cristológicos[314]. Tudo isso revela aspectos essenciais do caráter social e histórico das formulações teóricas. Elas respondem sempre, em maior ou menor medida, a determinados modos de vida.

Em terceiro lugar, parte desses recursos teóricos a que a atividade teológica tem de lançar mão pode "ser resultado de ideologizações mais ou menos larvadas, o que é válido na ordem teórica da reflexão e na ordem práxica da utilização do pensamento teológico"[315]. Isso que vale para o pensamento em geral, vale particularmente para o pensamento teológico, muito mais propenso a "desfigurações e manipulações não sempre conscientes"[316], dado o caráter "aparentemente" inverificável de muitas de suas afirmações. Fato é que "as afirmações mais abstratas podem resultar, às vezes, em expressão religiosa de uma situação, cuja verdade é tudo, menos religiosa. O discurso religioso pode ser a mistificação do discurso econômico e político e isso não apenas quando fetichiza determinadas realidades históricas, fazendo delas coisas divinas ou diabólicas, mas, inclusive, quando aparentemente não fala mais que de Deus e do divino. Sem chegar ao exagero de pensar que todo discurso teológico é apenas isso, cabe sempre a pergunta e a suspeita de quanto disso há em todo discurso teológico"[317]. A história da teologia é farta de exemplos em que se usam e se sacra-

---

314 ELLACURÍA, I. "La historicidad del hombre en Xavier Zubiri". In: *Escritos Filosóficos II*. Op. cit., p. 199-212, 279-284. • ELLACURÍA, I. "Historia de la salvación". Op. cit., p. 597-602. • ELLACURÍA, I. "Carácter político de la misión de Jesús". In: *Escritos Teológicos II*. Op. cit., p. 13-31, aqui p. 14-17.

315 ELLACURÍA, I. "Hacia una fundamentación del método teológico latinoamericano". Op. cit., p. 214.

316 ELLACURÍA, I. "La teología como momento ideológico de la praxis eclesial". Op. cit., p. 165.

317 Ibid., p. 166.

lizam costumes, imagens, conceitos, teorias, raciocínio etc. que, além de estarem diretamente a serviço de interesses nada evangélicos, distorcem e falsificam a realidade em função desses interesses e produzem inúmeras vítimas. Basta ver o aparato teórico imperial com que se formula o discurso estritamente teológico (rei, majestade, todo-poderoso, trono, masculino etc.) e, sobretudo, eclesiástico (príncipe, súditos, governo, hierarquia, excelência, eminência etc.). Isso para não falar nos casos social e historicamente muito mais facilmente verificáveis: pobreza-riqueza, patriarcalismo, escravidão, centralismo, autoritarismo etc. "Tudo isso deve fazer suspeitar que não há um produto teológico histórica e politicamente neutro. O teólogo deve se perguntar, portanto, a quem e a que condutas favorecem suas reflexões ou quem se sente à vontade com elas". Chama atenção "que os partidos política e economicamente mais conservadores tomem como bandeira própria uma religião, em princípio, tão subversiva como a cristã e é suspeitoso que os mais ricos e poderosos não se sintam violentamente interpelados pela mensagem cristã"[318]. Como se vê, o problema da ideologização no discurso teológico é muito mais sério do que pode parecer à primeira vista.

Em quarto lugar, "a atividade teológica é especialmente histórica, tanto pela índole própria que lhe compete como pelo âmbito de realidade ao qual responde"[319]. Por um lado, tem como "objeto" uma realidade estritamente histórica: a práxis do reinado de Deus; uma realidade que vai se realizando mediante um processo de apropriação de possibilidades. Enquanto dinamismo configurador da vida humana, o reinado de Deus depende sempre das possibilidades com que se conta em um determinado momento e da apropriação dessas mesmas possibilidades. Não é uma ideia

318 Ibid., p. 167.

319 ELLACURÍA, I. "Hacia una fundamentación del método teológico latinoamericano". Op. cit., p. 214.

abstrata e "universal" (entendido como independente do contexto em que se dá), nem uma mera utopia idealista; é a configuração real/histórica da vida segundo os desígnios de Deus revelados na práxis de Jesus de Nazaré (reinado *de Deus*), em uma determinada situação, com determinadas possibilidades (*reinado* de Deus). Nem se dá independentemente dessa situação e dessas possibilidades, nem independentemente de sua apropriação por aqueles/as que reconhecem e aceitam o Deus de Jesus como seu Deus e assumem para si, como próprio, seus desígnios. Não se trata, portanto, de uma realidade estática, imutável e independente das possibilidades históricas e da liberdade humana. Pelo contrário, trata-se de uma realidade histórica, práxica, por mais irredutível que seja. Por outro lado, como temos visto, a atividade teológica tem um dinamismo intelectivo estritamente histórico: está determinado, em grande parte, por interesses sociais; depende, em boa medida, das possibilidades intelectivas com que se conta em uma determinada cultura, em um determinado momento; pode, facilmente, ser manipulado e ideologizado em função de interesses pouco ou nada evangélicos; e tem um "caráter duplamente opcional" que diz respeito tanto ao "âmbito de realidade" (práxis teologal) quanto à atividade propriamente intelectiva (teoria teológica).

A insistência nesse caráter sócio-histórico da teoria teológica não significa nenhuma desqualificação da atividade estritamente teórica nem tem nada a ver com certas posturas relativistas em voga que negam qualquer possibilidade objetiva de acesso intelectivo à realidade e, portanto, qualquer possibilidade de verdade objetiva. Significa simplesmente reconhecer que toda teoria teológica, no que tem de teoria e no que tem de teoria teológica, está sempre marcada e condicionada por interesses sociais e por possibilidades intelectivas social e historicamente construídas. É, portanto, intrínseca e constitutivamente social e histórica. "Que isto seja superável criticamente e que não leve a um anarquismo subjetivista não obsta a que se reconheça sua existência e se exija considerar como levar a cabo essa superação crítica"[320].

Daí por que seja tão necessária e imprescindível a pergunta "do para que e do para quem da teologia", isto é, do "a quem serve o que fazemos e para que, de fato, serve o que fazemos". E isso tanto em vista do que "deve ser a atividade teológica em seus temas" quanto em vista do "modo de enfocá-los e de propô-los" [321].

Para Ellacuría, esse caráter sócio-histórico da teoria, também da teoria teológica, além de um fato facilmente constatável e de ser uma nota constitutiva de toda teoria, tem uma relevância toda particular, seja pela importância de seu uso ideologizado em função de estruturas sociais injustas, seja pela urgência de sua des-ideologização, como momento fundamental nos processos de libertação. Por isso, insistiu muito na necessidade de *historicização dos conceitos* como "princípio de desideologização", como "princípio de verificação" e como princípio projetivo ou dimensão temporal da teoria[322] e foi, aos poucos, explicitando e formulando o que ficou conhecido como *método de historicização dos conceitos*[323]. Este método, como bem

---

320 ELLACURÍA, I. "La teología como momento ideológico de la praxis eclesial". Op. cit., p. 165.

321 ELLACURÍA, I. "Hacia una fundamentación del método teológico latinoamericano". Op. cit., p. 214.

322 Cf. ELLACURÍA, I. "La historización del concepto de propiedad como principio de desideologización". In: *Escritos Políticos I*. Op. cit., p. 587-627. • ELLACURÍA, I. "La historización del bien común y de los derechos humanos en una sociedad dividida". In: *Escritos Filosóficos III*. São Salvador: UCA, 2001, p. 207-225. • ELLACURÍA, I. "La historización de los derechos humanos desde los pueblos oprimidos y las mayorías populares". In: *Escritos Filosóficos III*. Op. cit., p. 433-445.

323 Cf. HERRERA, S.A. "Aproximación al método de historización de Ignacio Ellacuría". In: VV.AA. *Para una filosofía liberadora*: Primer encuentro mesoamericano de filosofía". San Salvador: UCA, 1995, p. 31-39. • SERRANO, O. "Sobre el método de la historización de los conceptos de Ignacio Ellacuría". In: ibid., p. 41-50. • MARDONES, J.M. "La historización de los conceptos teológicos". In: GIBERNAT, J.A. & GOMES, C. *La pasión por la libertad*: Homenaje a Ignacio Ellacuría. Estella: Verbo Divino, 1994, p. 189-212.

resumiu Omar Serrano, consiste em (1) "verificar se o que formalmente se apresenta no conceito dá-se em uma realidade concreta"; (2) "descobrir se o que o conceito faz nessa realidade está a serviço dos interesses de grupos privilegiados que são precisamente os que mais reivindicam dito conceito"; (3) "identificar quais são as condições que impedem a realização efetiva do conceito e quais são as condições que podem pôr em marcha o processo dessa realização" e (4) "quantificar o tempo prudencial para constatar um grau aceitável de cumprimento do apresentado no conceito como um 'dever ser'"[324].

Desta forma, a teoria poderia superar criticamente seu condicionamento social, não no sentido de deixar de ser socialmente condicionada, mas no sentido de tornar explícitos seus condicionamentos e, assim, evitar sua ideologização.

2 Pressupostos filosófico-epistemológicos

A compreensão da teologia como intelecção da realização histórica do reinado de Deus, formulada em termos da relação teoria-práxis, é inseparável da compreensão zubiriana de intelecção como apreensão de realidade e como momento da ação ou da práxis. Assim como a compreensão da "teologia como hermenêutica" é inseparável da compreensão de *intellectus* como interpretação, a compreensão da teologia como momento teórico da práxis teologal é inseparável da compreensão de *intellectus* como modo humano de apreender as coisas, tal como foi explicitado por Zubiri. Toda teologia supõe/implica uma concepção de *intellectus* que condiciona e determina em boa medida seu quefazer e seu produto teológicos. Por isso mesmo, a compreensão de uma teologia qualquer passa pela compreensão de sua concepção de *intellectus*.

---

324 SERRANO, O. "Sobre el método de la historización de los conceptos de Ignacio Ellacuría". Op. cit., p. 44.

Em um texto intitulado "Para uma fundamentação do método teológico latino-americano"[325], Ellacuría explicita os pressupostos filosófico-epistemológicos de sua concepção de teologia enquanto *intellectus* em termos de "método fundamental", entendido como um "modo próprio de pensar", como a "orientação fundamental" ou a "direção fundamental e totalizante" de um pensamento concreto, como os "princípios teóricos" ou os "supostos filosóficos fundamentais" da atividade teórica. Enquanto tal, o "método fundamental" é inseparável de um pensamento concreto, efetivo. Só existe e só se verifica na medida em que produz ou produziu um pensamento concreto. Não se pode falar de um modo próprio de pensar fora da atividade pensante: só se pensa de uma forma determinada, pensando. Daí que seja "tão difícil explicar o que é o método transcendental, o método dialético ou o método fenomenológico sem explicar o que é o pensamento kantiano, o pensamento hegeliano ou marxista e o pensamento husserliano ou heideggeriano" (188).

E isso vale também para a teologia da libertação (TdL). Seu método fundamental é inseparável de sua produção teológica: é seu modo próprio de fazer teologia. Nesse sentido, pode-se dizer que o problema do método fundamental da TdL "é um problema que se confunde com o problema mesmo da teologia latino-americana, se não no desenvolvimento de seus conteúdos, mas na caracterização do que é sua orientação fundamental" (188). O problema, aqui, consiste na explicitação desse modo próprio de fazer teologia para além da diversidade de métodos parciais ou instrumentais (estudo da escritura, da tradição, do magistério, da história, da filosofia, das ciências etc.) a que recorre no desenvolvimento da atividade teológica.

Para explicitar em que consiste esse "método fundamental" da TdL, Ellacuría toma como ponto de partida a análise de dois artigos

325 Cf. ELLACURÍA, I. "Hacia una fundamentación del método teológico latinoamericano". Op. cit. A partir de agora, os números entre parênteses, sem outra indicação, remetem a páginas deste artigo.

teológicos: um de Leonardo Boff (teólogo latino-americano)[326] e um de González de Cardenal (teólogo europeu)[327] – ambos publicados por ocasião dos 70 anos de Karl Rahner. Em sua análise, procura, por um lado, identificar o *modo próprio* de fazer teologia na América Latina e, por outro lado, explicitar os *pressupostos últimos* dessa maneira de fazer teologia. E o faz contrapondo a outro modo de fazer teologia e a seus pressupostos últimos. A contraposição estabelecida é um mero recurso metodológico, "cujo valor e justificação deve se ver no próprio proceder e em seus resultados e cujos limites devem ficar claros desde o começo" (191). Não pretende criticar nem muito menos rechaçar outros modos de fazer teologia, representados aqui por González de Cardenal, mas, simplesmente, determinar melhor, por contraposição, o modo próprio de fazer teologia da TdL, representado aqui por Leonardo Boff. Trata-se, portanto, de "um contraste que não pretende ser um pensamento *a contrariis*, mas simplesmente um pensamento que, a partir de si mesmo, contrasta com outros modos de pensar e que nesse contraste se compreende melhor a si mesmo e se reafirma em sua própria particularidade" (192).

2.1 *Dois exemplos de método teológico*

O ponto de partida é a apresentação e a contraposição dos dois modelos teológicos identificados nos artigos escolhidos. Aqui, limitar-nos-emos à análise dos artigos feita por Ellacuría, elencando simplesmente e tal como ele formulou os pontos mais determinantes de cada um dos métodos analisados.

326 BOFF, L. "Libertação de Jesus Cristo pelo caminho da opressão: uma leitura latino-americana". In: VARGAS-MACHUCA, A. (ed.). *Teología y mundo contemporáneo*: Homenaje a Karl Rahner en su 70 cumpleaños. Madri: Cristiandad, 1975, p. 241-268.

327 GONZALEZ DE CARDENAL, O. "Un problema teológico fundamental: la preexistencia de Cristo: Historia y hermenéutica". In: VARGAS-MACHUCA, A. (ed.). Op. cit., p. 179-211.

González de Cardenal trata a preexistência de Cristo como "um problema teológico fundamental" e o aborda tanto histórica quanto hermeneuticamente. Por história, "entende um percurso histórico desde a Escritura, passando pela tradição, até chegar à teologia atual". Por hermenêutica, "entende a busca de sentido que têm as distintas afirmações cristológicas em sua dupla vertente de algo em si e de algo para mim" (193). Os passos metodológicos concretos que dá no desenvolvimento do tema esclarecem e confirmam "a direção fundamental de seu proceder teológico": 1) "mostrar a gênese histórica do conceito que analisa [...], tendo em conta os gêneros literários em que aparece"; 2) "analisar a função que esse conceito cumpre em cada um dos contextos culturais em que aparece"; 3) "considerar o giro da modernidade que consistiria em encontrar significatividade para as afirmações". Em última instância está em jogo aqui "uma pergunta de caráter hermenêutico", isto é, "uma pergunta pelo sentido e pela função das afirmações bíblicas e dogmáticas da preexistência"; uma pergunta que encontra sua verificação na "vivência religiosa" (193s.).

Leonardo Boff, por sua vez, trata a "libertação que Cristo traz ao povo oprimido" como um tema "absolutamente fundamental na cristologia". Seu ponto de partida não é uma pergunta genérica e abstrata pelo significado que a libertação de Cristo teria para o "homem em geral" ou para um "suposto homem único de hoje", mas para o "homem marginalizado e oprimido" que vive em uma determinada situação histórica e "cuja necessidade fundamental não é um problema de compreensão teórica, mas uma tarefa efetiva de libertação" (195). Nessa perspectiva, história e hermenêutica adquirem um sentido muito distinto do modelo anteriormente apresentado: "a libertação de Jesus Cristo não é tanto uma doutrina que se anuncia, mas uma práxis que se realiza". Daí que, metodologicamente, seja necessário voltar-se "para as ações e as palavras de Jesus com o objetivo de descobrir nelas o que têm de significativamente permanente, mas com um sentido hermenêutico preciso que rompe os quadros históricos de Jesus e ver neles um sentido transcendente, não para se perder nele, mas para encarná-lo em uma nova situação histórica" (196). E aqui, adverte, "as ciências sociais e as mediações históricas entram de cheio". Fato é que a recuperação da realidade histórica de Jesus e sua encarnação em outro contexto histórico abrem uma perspectiva nova para a teologia: "a reta interpretação dessa realidade e sua correta tradução em nossa própria realidade histórica com referência essencial e primária à práxis constituem não apenas um modo de proceder na reflexão teológica, mas uma posição declarada com respeito ao que deve ser a tarefa do teólogo aqui e agora" (197).

As diferenças entre os modelos apresentados são relevantes e facilmente identificáveis. A começar pela "escolha mesma do tema": preexistência de Cristo X libertação de Jesus Cristo. "Não se trata apenas nem principalmente de que um dos temas seja mais 'atual' do que outro, mas da possibilidade mesma de sua verificação": "enquanto no primeiro caso a verificação tem um caráter primariamente contemplativo e vivencial, no segundo caso é práxica e real" (197s.). É verdade que tanto González de Cardenal quanto Boff buscam "significatividade para o homem atual". No entanto, enquanto no primeiro caso a significatividade é predominantemente de "ordem intelectiva" ("afirmações", "peso de verdade") e voltada para "elites intelectuais", no segundo caso é predominantemente de "ordem histórica" ("interesses reais") e voltada para o "povo de Deus" (198). Em cada um dos casos se maneja um conceito distinto de história e de hermenêutica: "frente a um conceito de história como relato histórico [...], está o conceito de história como ação histórica, como processo real e histórico"; "frente a um problema de biografias pessoais [...], propõe-se o problema dos interesses sociais como determinantes dos modos de pensar e de viver" – frente a uma "hermenêutica teórica", propõe-se uma "hermenêutica histórica", isto é, "uma hermenêutica que não é apenas nem primariamente uma hermenêutica idealista de sentido, por mais que se vivencie este sentido, mas uma hermenêutica realista que tem em conta o que toda ação e toda interpretação deve às condições reais de uma sociedade e aos interesses sociais que as sustentam" (199s.). Por fim, está o problema da mediação teórica: filosofia, no primeiro caso, e ciências sociais, no segundo caso. A razão, diz Ellacuría, é clara: "O que interessa de maneira predominante a um é o sentido e a compreensão do sentido; enquanto que o que interessa de maneira predominante ao outro é a transformação da realidade e, nela, a transformação da pessoa". Se no primeiro caso temos uma posição predominantemente "intelectualista", isto é, uma posição de "crer na mudança profunda a partir da mudança das ideias ou de suas formulações"; no segundo caso temos uma posição predominantemente "realista", isto é, uma posição de "crer que a mudança real do homem e de suas ideias não pode se dar sem que se mudem as condições reais de sua existência" (200). Tudo isso revela "diferenças direcionais" significativas entre os modos de fazer teologia, representados aqui por González de Cardenal e Leonardo Boff.

2.2 Pressupostos ou fundamentos filosóficos

As "diferenças direcionais" identificadas nos modelos analisados situam-nos no centro da problemática do "método fundamental" da TdL ou do problema de seus fundamentos filosóficos. Ela diz respeito à "direção fundamental e totalizante com a qual e a partir da qual se deve exercitar a atividade teológica". Certamente, a TdL "pode e deve incluir [...] uma série de 'métodos' parciais ou instrumentais", mas "não nos perguntamos aqui pelos modos concretos de proceder na atividade intelectual teológica". O que nos interessa aqui é "a caracterização prévia desse método fundamental, entendendo por caracterização prévia a análise dos supostos filosóficos fundamentais, nos quais a atividade teológica deve se apoiar e que devem servir de inspiração e de critério para ela" (201). Para isso,

Ellacuría procederá, como na análise dos modelos teológicos e pelas mesmas razões, a modo de contraste, contrapondo o que considera um "começo de fundamentação filosófica do método teológico latino-americano" a outro tipo de fundamentação filosófica do método teológico, representado por Emerich Coreth. Como no item anterior, limitar-nos-emos aqui simplesmente a identificar os pontos mais importantes dos dois modelos de fundamentação teórica, propostos e contrapostos por Ellacuría.

O livro de Emerich Coreth trata de *Questões fundamentais de hermenêutica*[328] e, entre elas, aparece como básica a questão do "círculo hermenêutico". Toda a problemática é enfrentada por ele "a partir de sua posição básica frente ao problema do conhecimento" (203). Ellacuría resume em quatro teses seus "supostos filosóficos" sobre o conhecimento humano, inclusive o conhecimento teológico: 1) "A intelecção tem uma estrutura circular e exige, portanto, um círculo hermenêutico; entende-se sempre a partir de algo e este a partir de algo se pressupõe e se subentende, por mais que sua independência não seja total com respeito daquilo que é entendido"; 2) "A intelecção é primariamente compreensão de sentido; é, antes de tudo, compreensão e, ademais, o que se compreende é o sentido de algo, com o qual a intelecção resulta reduplicativamente teórica e especulativa"; 3) "O que tanto o 'mundo' quanto o 'horizonte' dão é transfundo e continuidade de sentido, embora não seja sem mais um sentido puro e apriorístico, mas multiplamente mediado"; 4) "O que se vai buscando no conhecimento, inclusive no saber teológico, é sempre sentido, isto é, algo predominantemente interpretativo" (205).

Frente a essa concepção da intelecção humana, Ellacuría, apoiado na filosofia de Zubiri (cf. 206, nota 32), propõe, em forma de teses ou de afirmações fundamentais, uma concepção que crê res-

328 Cf. CORETH, E. *Cuestiones fundamentales de hermenéutica*. Barcelona: Herder, 1972.

ponder melhor ao que é a "realidade do inteligir humano" e ao que, de fato, pretende ser o "pensamento teológico latino-americano": 1) A intelecção humana é sempre uma "intelecção sentiente" e desempenha sempre uma "função biológica": "a inteligência humana só pode atuar a partir dos sentidos e em referência aos sentidos"; ela é "por si e formalmente uma atividade biológica na medida em que sua função inicial [...] assim como seu permanente exercício orientam-se a dar viabilidade biológica ao ser humano, individual e especificamente considerado" (206); 2) Sua estrutura formal não consiste, como pensa Coreth, na "compreensão de sentido", mas em "apreender a realidade e enfrentar-se com ela" enquanto realidade: "o específico e formal da inteligência é fazer que o homem se enfrente consigo mesmo e com as demais coisas enquanto coisas reais que só por sua essencial respectividade com ele pode ter para este um sentido ou outro" (207s.). E este enfrentamento tem uma tríplice dimensão: cognitiva (hacerse cargo de la realidad), ética (cargar con la realidad) e práxica (encargarse de la realidad); 3) A inteligência e o conhecer humanos têm um caráter, essencial e estruturalmente, histórico. Primeiro, porque a inteligência "está condicionada pelo mundo histórico no qual se dá"; "conta, em cada caso, com determinadas possibilidades teóricas que se constituem como resultado de uma marcha histórica e representam o substrato a partir do qual se pensa" (209). Segundo, porque "o conhecer humano tem uma estrita dimensão social, não apenas por sua origem, mas também sua destinação" (211). Terceiro, porque "o conhecer humano tem também uma imediata referência à práxis, inclusive como condição de sua própria cientificidade": é um momento da práxis e necessita dela tanto para "sua comprovação científica" quanto para "pôr-se em contato com a fonte de muitos de seus conteúdos" (211).

Tudo isso tem enormes consequências e condiciona, sob vários aspectos, a determinação do método da TdL. Explicitar esses condicionamentos é condição para que sua atividade teológica seja crítica e responda ao que dela se pode exigir. Como nos itens anteriores, limitar-nos-emos, aqui, a apresentar os pontos (condicionamentos) abordados por Ellacuría e tal como ele os formulou.

Em primeiro lugar, a *especificidade do método teológico*: "Cada atividade humana e cada âmbito de realidade tem sua própria cientificidade e exige criticamente um método próprio que deve se acomodar à estrutura dessa atividade e desse âmbito" (212). Não se chega a qualquer "âmbito de realidade" com qualquer "atividade" nem se exercita qualquer "atividade" frente a qualquer "âmbito de realidade". Há, portanto, "um condicionamento mútuo entre atividade e âmbito de realidade" (212). No que diz respeito à TdL, diz Ellacuría, "seu âmbito próprio não é Deus sem mais, mas Deus tal como se faz presente na própria situação histórica" (212). Quanto à sua "atividade", não se pode partir de um conceito prévio e unívoco de ciência ao qual a teologia teria que se adequar; deve começar pela "determinação do âmbito de realidade" ao qual se dirige e pela "determinação das condições críticas requeridas para que [...] logre suas finalidades concretas". Tanto num caso como noutro, é preciso ter muito em conta a "religiosidade popular", caso não queira cair nas trapas do "elitismo" (213).

Em segundo lugar, o *caráter social da atividade teológica*: "a atividade teológica tem um caráter social estrito que se não se assimila criticamente pode levar a graves desvios teológicos" (214). Seu caráter social se dá tanto pelo vínculo constitutivo com a instituição eclesial, através da qual pode favorecer ou contradizer determinadas forças sociais, quanto por "lançar mão de recursos teóricos que podem ser resultados de ideologizações mais ou menos larvadas"; quanto, ainda, por seu duplo caráter histórico-opcional (âmbito de realidade e atividade). Daí que a pergunta "do para que e do para quem" da teologia, isto é, a pergunta do "a quem serve" e "para que, de fato, serve" o que fazemos seja "absolutamente prioritário" no quefazer teológico (214).

Em terceiro lugar, a *circularidade primária da reflexão teológica*: "uma circularidade real, histórica e social". Na verdade, insiste Ellacuría, "não existe uma circularidade pura entre horizonte teórico e compreensão do sentido de algo determinado" (215), como se teoria e sentido pairassem no ar ou repousassem sobre si mesmos, independentemente dos contextos e das situações sócio-históricas. Daí que antes de se perguntar pelo "horizonte teórico de minha compreensão e de minha opção", seja preciso se perguntar pelo "horizonte real" a partir do qual compreendo e opto, pois "o horizonte, tecnicamente entendido, não se explica por si como resultado de uma suposta abertura puramente transcendental", mas "está pré-condicionado por uma série de elementos que vão desde as próprias estruturas biológicas até os últimos condicionamentos sociopolíticos, passando por uma longa fila de outros tipos de condicionamentos" (215s.). Para isso, necessita-se de uma "hermenêutica real e histórica" que, mais que saber "um determinado sentido teórico", busque saber "como pôde surgir realmente um determinado sentido a partir de um *desde donde* físico" (216).

Em quarto lugar, a *análise crítica da linguagem teológica* – "não como investigação pura de análises linguísticas, como se estivéssemos em um problema exclusiva ou fundamentalmente de sentido teórico ou de significação intencional; mas como investigação do que os termos empregados descobrem ou encobrem" (216). O fato de a linguagem ser um elemento constitutivo da atividade teológica não dispensa o teólogo de um exame crítico da linguagem utilizada. Nesse exame, deve cuidar para que "a linguagem usada não desfigure a pureza e a plenitude da fé" e para que "a teologia não se converta numa versão sacralizada de um determinado discurso secular" (216) como pode ser a linguagem aristotélica ou marxista.

Levar a sério esses condicionamentos metodológicos da atividade teológica é condição para que a TdL possa seguir adiante de forma crítica, criativa e eficaz. Com eles, diz Ellacuría, "concretiza-se a fundamentação filosófica do método" (218), isto é, a explicitação e fundamentação da "direção fundamental e totalizante" ou a análise dos "supostos filosóficos fundamentais" da teologia da libertação.

3 A modo de conclusão: relação teologia-hermenêutica

A compreensão de teologia como intelecção do reinado de Deus, formulada em termos da relação teoria-práxis, supõe/implica uma concepção de *intellectus* como "apreensão de realidade" no duplo sentido de *apreensão* (e não mera interpretação) de *realidade* (e não simplesmente de sentido). Isso possibilita superar o reducionismo idealista da intelecção que caracteriza o pensamento ocidental desde sua origem e culmina em sua identificação atual com hermenêutica ou interpretação de sentido, sem, contudo, negar um momento propriamente hermenêutico no processo intelectivo. E, dessa forma, abre/oferece uma perspectiva nova para a problemática do estatuto teórico da relação teologia-hermenêutica.

Como vimos no capítulo segundo, com Xavier Zubiri, a intelecção é um momento da ação humana que caracteriza/determina o modo humano de se enfrentar com as coisas: apreender as coisas como "realidade" e não simplesmente como "estímulo de resposta". Nem existe uma "inteligência em si", independentemente da ação humana (é um momento da ação humana), nem o formalmente próprio da intelecção enquanto momento da ação humana é interpretação de sentido (mas apreensão de realidade). Em última instância, vale repetir e insistir, intelecção é "apreensão" (e não mera interpretação) de "realidade" (e não simplesmente de sentido). É claro que "a compreensão de sentido é uma das atividades da inteligência, sem a qual ela não dá de si tudo o que ela é e tudo o que o homem necessita dela". Mas a intelecção não se reduz a interpretação de sentido, e quando isso acontece "pode servir de evasão contemplativa e de negação, na prática, do que é a condição formal da inteligência humana" (207). Por isso mesmo, diz Ellacuría, "quando se discute a interpretação da intelecção como compreensão de sentido, não se discute que o homem e a inteligência humana devam se perguntar pelo sentido; discute-se apenas a radicalidade do enfoque" (209). Noutras palavras, trata-se de saber se intelecção consiste formalmente, em última instância, em interpretação de sentido ou se a interpretação de sentido não é apenas um momento do processo mais amplo da intelecção enquanto "apreensão de realidade".

Está em jogo aqui a compreensão mesma de *intellectus* tanto em sua estrutura intrínseca de "apreensão de realidade" quanto em seu caráter de "momento" da ação humana ou da práxis. Isso leva a uma compreensão da teologia, enquanto *intellectus fidei*, como *momento intelectual* da realização histórica do reinado de Deus (relação teoria-práxis) e leva a uma compreensão desse momento intelectual como *apreensão real* do reinado de Deus e não simplesmente como interpretação de seu sentido (realidade-sentido). Mas é preciso compreender bem: Não há aqui uma negação da hermenêutica, mas apenas da redução da teologia a hermenêutica. Faz parte do processo intelectivo a interpretação do sentido das coisas, mas como momento do processo mais amplo de enfrentamento do homem com a realidade ou de "apreensão da realidade" da qual recebe sua última determinação. Isso possibilita uma nova compreensão e abordagem da hermenêutica no contexto mais amplo do processo intelectivo (práxis-intelecção-hermenêutica). De modo que, se a teologia não pode ser reduzida a hermenêutica, como faz Geffré, deve, sem dúvida, como indica Ellacuría, levar a sério e desenvolver ao máximo seu momento hermenêutico constitutivo fundamental.

Considerações finais

Enquanto *intellectus fidei*, toda teologia supõe/implica de modo mais ou menos consciente uma concepção de *intellectus* que condiciona e determina em boa medida seu quefazer e seu produto teológicos. Por essa razão, a compreensão de uma teologia qualquer passa pela compreensão de sua concepção de *intellectus* e toda crítica teológica é em boa medida crítica a determinada concepção de intelecção.

Neste trabalho, nós nos confrontamos com duas concepções de *intellectus* que levam a duas concepções de teologia: Se a compreensão de *intelectus* como "hermenêutica" leva Geffré a "identificar a razão teológica com uma razão hermenêutica"[329], a compreensão de *intellectus* como "apreensão de realidade" – no duplo sentido de apreensão (e não mera interpretação) de realidade (e não simplesmente de sentido) – leva Ellacuría a falar da teologia como momento intelectual da realização histórica do reinado de Deus. Estamos diante de duas concepções de teologia enquanto intelecção: teologia como hermenêutica e teologia como momento da práxis.

Certamente, não se tratam de concepções opostas, como mostram os autores estudados. Geffré insistiu várias vezes que não há oposição entre "sentido" e "ação", que a hermenêutica "conduz à

329 Cf. GEFFRÉ, C. "A Teologia Fundamental como hermenêutica". In: *Revista de Teologia e Ciências da Religião da Unicap*, 8/2, 2009 p. 11, 12, 14, 25.

ação", na medida em que leva a "atualizar" o "mundo do texto"[330]. E Ellacuría afirma claramente que "a compreensão de sentido é uma das atividades da inteligência, sem a qual ela não dá de si tudo o que ela é e tudo o que o homem necessita dela"[331]. Mas, enquanto Geffré *identifica* teologia com hermenêutica, Ellacuría fala da hermenêutica como um *momento* do processo teológico que em sua globalidade constitui-se como "momento da práxis" e em sua formalidade constitui-se como "apreensão de realidade". E aqui, diz ele, "não se discute que o homem e a inteligência humana devam se perguntar pelo sentido; discute-se apenas a radicalidade do enfoque"[332]. Noutras palavras: Trata-se de saber se intelecção consiste formalmente, em última instância, em mera interpretação de sentido ou se a interpretação de sentido, por mais importante e necessária que seja, não é apenas um momento de um processo mais amplo e complexo. De modo que, se não se pode falar sem mais de "teologia como hermenêutica", como faz Geffré, pode-se e deve-se falar de momento hermenêutico da teologia. Se o *intellectus fidei* não pode se reduzir a interpretação de sentido, deve assumir como um de seus momentos fundamentais a interpretação de sentido.

Conforme insistimos na apreciação crítica que fizemos no terceiro capítulo da tese de Geffré da "teologia como hermenêutica", não se trata aqui, em hipótese nenhuma, de uma negação da hermenêutica no fazer teológico, mas simplesmente de negação da redução da teologia a hermenêutica. Nesse sentido, nossa postura nada tem a ver com uma postura fundamentalista que se contrapõe e nega a hermenêutica no fazer teológico. Não é uma postura anti-hermenêutica, mas, se quiser, uma postura pós-hermenêutica que, tendo passado pela

---

330 Cf. GEFFRÉ, C. *Crer e interpretar*: A virada hermenêutica da teologia. Petrópolis: Vozes, 2004, p. 54-57. • GEFFRÉ, C. "A Teologia Fundamental como hermenêutica". Op. cit., p. 25s.

331 ELLACURÍA, I. "Hacia una fundamentación del método teológico latinoamericano". In: *Escritos Teológicos I*. São Salvador: UCA, 2000, p. 207.

332 Ibid., p. 209.

"virada hermenêutica da teologia", supera o reducionismo da teologia a hermenêutica ou interpretação de sentido sem, contudo, negar um momento hermenêutico constitutivo no fazer teologia. Enquanto intelecção do reinado de Deus, a teologia é um momento (momento intelectivo) do processo de realização histórica do reinado de Deus; um momento que implica interpretação de sentido, mas no contexto mais amplo de sua apropriação e realização histórica.

Essa é uma intuição fundamental que está na origem das teologias da libertação latino-americanas, mas que nem sempre foi suficientemente explicitada e assumida de modo consequente. Embora com concepções distintas da práxis e de seu vínculo com a teoria, os teólogos da libertação sempre entenderam a TdL como uma teologia da práxis: "um momento do processo por meio do qual o mundo é transformado" (Gustavo Gutiérrez)[333]; uma espécie de praxeologia da libertação (Hugo Assmann)[334]; "momento consciente e reflexo da práxis eclesial" (Ignacio Ellacuría)[335]; "teologia do político e suas mediações" (Clodovis Boff)[336]; "intelectus amoris" (Jon Sobrino)[337], entre outros. Todas as teologias da libertação (feminista, negra, indígena, ecológica, religiosa e inter-religiosa, *gay* etc.) estão vinculadas a processos históricos de libertação e, enquanto tais, elas se constituem como teologias da práxis.

Essa referência fundamental à práxis diz respeito antes de tudo à ação pastoral-evangelizadora da Igreja, particularmente em sua dimensão sociolibertadora ligada às lutas e aos movimentos populares. Mas

333 GUTIÉRREZ, G. *Teologia da Libertação*: Prospectivas. São Paulo: Loyola, 2000, p. 74.

334 Cf. ASSMANN, H. *Teología desde la praxis de la liberación* – Ensayo teológico desde la América dependiente. Salamanca: Sígueme, 1973, p. 62-65.

335 Cf. ELLACURÍA, I. "La teología como momento ideológico de la praxis eclesial". In: *Escritos Teológicos I*. São Salvador: UCA, 2000, p. 163-185.

336 Cf. BOFF, C. *Teologia e prática*: Teologia do político e suas mediações. Petrópolis: Vozes, 1993.

337 Cf. SOBRINO, J. *El principio-misericordia*: bajar de la cruz a los pueblos crucificados. Santander: Sal Terrae, 1992, p. 47-80.

ela tem também muitas implicações e consequências epistemológicas que não são fáceis de captar e que entram em conflito com a concepção hegemônica de saber desenvolvida ao longo da tradição ocidental, marcada por um dualismo mais ou menos radical e maniqueísta entre sentido e inteligência e por uma concepção idealista do saber.

Gustavo Gutiérrez intuiu e até esboçou essa problemática epistemológica da teologia em sua respectividade com a práxis[338]. Mas Ignacio Ellacuría parece ser o teólogo que desenvolveu e formulou essa problemática do modo mais amplo e consequente entre os teólogos da libertação[339]. E o fez, como vimos, tomando como referencial teórico a teoria da inteligência de Xavier Zubiri.

Diferentemente de outros modos de fazer teologia, cuja preocupação e orientação fundamentais residem na busca e "compreensão do sentido" das afirmações dogmáticas ou da positividade da fé (interpretação), diz Ellacuría, a preocupação e orientação fundamentais da TdL residem na realização histórica da salvação, isto é, na "transformação da realidade e, nela, a transformação da pessoa" (práxis). Frente a teologias predominantemente "intelectualistas", centradas nas ideias, no diálogo cultural, na lógica discursiva etc., a TdL é uma teologia predominantemente "realista" e práxica, centrada na realidade que procura inteligir (e não na ideia ou conceito dessa realidade) e em sua realização histórica, isto é, na busca de mediações concretas de sua efetivação (e não apenas na busca de seu sentido)[340]. Certamente, interessa à TdL o sentido das afir-

338 Cf. GUTIÉRREZ, G. *Teologia da Libertação*. Prospectivas. São Paulo: Loyola, 2000, p. 57-74. • GUTIÉRREZ, G. *A verdade vos libertará*: Confrontos. São Paulo: Loyola, 2000, p. 107-128.

339 Cf. ELLACURÍA, I. "La teología como momento ideológico de la praxis eclesial". Op. cit., p. 163-185. • ELLACURÍA, I. "Hacia una fundamentación del método teológico latinoamericano". Op. cit., p. 187-218. • ELLACURÍA, I. "Relación teoría y praxis en la teología de la liberación". In. *Escritos Teológicos I*. São Salvador: UCA, 2000, p. 235-245.

340 Cf. ELLACURÍA, I. "Hacia una fundamentación del método teológico latinoamericano". Op. cit., p. 200.

mações teológicas, mas em função de sua realização histórica, como um momento do processo de realização da salvação.

Essa afirmação do primado da práxis sobre o sentido não é uma afirmação gratuita feita em função de algum ativismo pastoral ou político e em prejuízo da atividade estritamente teórica. Ela está fundamentada na análise da própria intelecção humana. Ao contrário do que se costuma pensar, a intelecção não é primariamente especulação (teórica), mas um modo de enfrentamento (práxico) e não consiste formalmente em "compreensão de sentido", mas em "apreensão de realidade"[341]. É claro que todas as coisas, enquanto apreendidas intelectivamente, adquirem algum sentido na vida humana que é preciso explicitar. Mas o sentido, enquanto sentido da coisa apreendida, está fundado na coisa mesma e sua interpretação pressupõe sua apreensão. De modo que, primária e formalmente, a intelecção consiste em "apreender a realidade" e em "enfrentar-se com ela" como "realidade"[342].

A mesma intuição foi esboçada por Jon Sobrino em sua compreensão da teologia como *intellectus amoris*, isto é, como inteligência da realização do amor histórico pelos pobres que nos torna afins à realidade de Deus[343]. Encontra-se em uma nota de rodapé no documento da Comissão Teológica Internacional sobre o estatuto da teologia católica a partir da tríade fé-esperança-caridade[344]. E aparece, em perspectiva e linguagem pastorais, na Exortação Apostólica do Papa Francisco *A alegria do Evangelho* na tese

341 Cf. ibid., p. 202-211.

342 Cf. ibid., p. 207s.

343 Cf. SOBRINO, J. "Teologia num mundo sofredor: A Teologia da Libertação como '*intellectus amoris*'". In: *O princípio misericórdia*: descer da cruz os povos crucificados. Op. cit., p. 71-76.

344 Cf. COMISSÃO TEOLÓGICA INTERNACIONAL. *Teologia hoje*: perspectivas, princípios e critérios. Brasília: CNBB, 2012, n. 19, nota 27.

de que “a realidade é mais importante que a ideia”[345]. Sem falar de sua profunda sintonia com a epistemologia bíblica[346], segundo a qual conhecer a Deus, por exemplo, é viver em comunhão com Ele, realizar sua vontade (cf. Jr 22,16; 1Jo 2,4ss.; 4,8).

Levar a sério esse caráter fundamentalmente práxico da teologia, além de fazer jus à estrutura e ao dinamismo do processo intelectivo, tem enormes consequências para o fazer teológico, para o produto teológico e para a fecundidade e eficácia pastorais da teologia. É que, como bem adverte Antonio González, o interesse e a orientação fundamentais de uma teologia qualquer determina decisivamente seu processo, seu resultado e sua utilidade. “Se a teologia partisse, por exemplo, da pergunta pelo sentido da vida, o diálogo cultural entre as distintas cosmovisões se situaria no primeiro plano de interesse, enquanto se relegariam outros problemas humanos a um segundo plano ou se excluiria do plano da teologia”. Se, ao invés, ela parte de um interesse e de uma orientação práxicos, o acento cai na problemática das possibilidades ou das mediações de sua realização histórica. Por isso mesmo, diz ele, “a eleição adequada do ponto de partida [entendido como interesse ou orientação fundamentais] da teologia pode determinar decisivamente a formulação da mensagem que o cristianismo quer transmitir a uma humanidade atravessada por enormes conflitos”[347].

De modo que a discussão acerca do estatuto teórico da relação teologia-hermenêutica não é uma discussão gratuita nem mera

---

345 PAPA FRANCISCO. Exortação Apostólica *Evangelii Gaudium*. São Paulo: Paulinas, 2013, n. 231s.

346 Cf. ZIMMERMANN, H. “Conhecimento”. In: BAUER, J. *Dicionário de Teologia Bíblica*. V.I. São Paulo: Loyola, 1988, p. 204-210. • ZIENER, G. “Palavra”. In: ibid., p. 794-798. • CORBAN, J. & VANHOYE, A. “Conhecer”. In: LEÓN-DUFOUR, X. *Vocabulário de teologia bíblica*. Petrópolis: Vozes, 1972, p. 165-169. • BOFF, C. *Teoria do método teológico*. Petrópolis: Vozes, 1998, p. 188-192.

347 GONZÁLEZ, A. “La vigência del ‘método teológico’ en la teología de la liberación”. In: *Sal Terrae*, 983, 1995, p. 667-675, aqui p. 669.

especulação abstrata. Diz respeito ao estatuto teórico da teologia enquanto *intellectus*, tanto em seu caráter de "momento da práxis" quanto em seu caráter específico de "apreensão de realidade". Nem se pode falar de teologia cristã independentemente da realização histórica do reinado de Deus (momento teórico da práxis) nem se pode reduzir a teologia enquanto *intellectus* a mera interpretação de sentido, por mais que esse seja um momento fundamental de seu desenvolvimento (momento hermenêutico da intelecção). É nesse sentido que falamos da necessidade de uma passagem da "teologia como hermenêutica" para o "momento hermenêutico da teologia", como reza o subtítulo deste trabalho, indicando, com Zubiri e Ellacuría, uma nova perspectiva para o problema do estatuto teórico da relação teologia-hermenêutica, segundo o quadro teórico esboçado no segundo capítulo: práxis-intelecção-hermenêutica. Tendo passado pela "virada hermenêutica da teologia" (Geffré), é preciso passar por uma "virada" práxica da teologia (Ellacuría). E tanto em razão do caráter e do dinamismo da atividade intelectual (momento da práxis) quanto em razão da eficácia do fazer teológico e da teologia (realização do reinado de Deus).

Dicionário de Teologia Fundamental

Esse *Dicionário* tem por base o binômio revelação-fé. Em torno deste eixo giram os 223 verbetes que o compõem. A estrutura do *Dicionário* foi pensada de modo a propor, a quem o desejar, um estudo sistemático de todos os temas da Teologia Fundamental: os princípios básicos e suas implicações.

Em sua concepção inicial, essa obra procurou definir, antes de tudo, as grandes linhas do *Dicionário* e, em seguida, determinar os verbetes a serem tratados, levando em conta uma série de critérios.

Mesmo tendo sido composto há algumas décadas, permanece muitíssimo atual, justamente pela forma abrangente utilizada em sua organização. Sendo um dicionário, não contém tratados teológicos sistemáticos, mas cada temática é apresentada com uma grande abrangência. Além disso, ao final de cada verbete há indicações bibliográficas para aprofundamento.